btb

Eine junge Frau lässt nach einem Zusammenbruch alles in London hinter sich und zieht in ein kleines Dorf an der irischen Westküste. Hier – in der ländlichen Abgeschiedenheit – gibt sie sich der Einfachheit ihres neuen Lebens hin, dem mäandernden Fluss der Gedanken. Hier verändert sich ihr Blick auf den Alltag. Hier rücken kleine, profane Dinge in den Mittelpunkt und gewinnen eine ungeahnte Tiefe. Soghaft zieht Claire-Louise Bennett uns in ihrem gefeierten Roman in das Leben dieser jungen Frau, die zwei Jahrhunderte nach Henry David Thoreaus Klassiker »Walden: oder Rückzug in die Wälder« aus der Beschränkung auf das Wesentliche neue Kraft zieht.

CLAIRE-LOUISE BENNETT wuchs in Wiltshire, im Südwesten Englands, auf. Sie studierte Literatur und Theaterwissenschaften an der University of Roehampton und lebt heute in Galway, an der irischen Westküste. »Teich« wurde als eines der faszinierendsten Erzähldebüts 2016 mehrfach als »Buch des Jahres« ausgezeichnet und für den Dylan Thomas Prize nominiert. Ihr jüngstes Buch »Checkout 19« stand auf der Shortlist des Goldsmiths Prize.

Claire-Louise Bennett

Teich

*Aus dem Englischen
von Eva Bonné*

btb

Aus der höchsten Freude tönt der Schrei des Entsetzens oder der sehnende Klagelaut über einen unersetzlichen Verlust. [Dann] bricht gleichsam ein sentimentalischer Zug der Natur hervor, als ob sie über ihre Zerstückelung in Individuen zu seufzen habe.

Friedrich Nietzsche, *Die Geburt der Tragödie*

Aber konnte vielleicht jede Wohnung mit der Zeit zu einer Höhle werden? Und mich in ihrem wohltuenden, lauen, beruhigenden Halbdunkel aufnehmen?

Natalia Ginzburg, *Nie sollst du mich befragen*

Die Wölfe im Schneckenhaus sind grausamer als die streunenden.

Gaston Bachelard, *Die Poetik des Raumes*

Inhalt

Reise im Dunkeln 9

Morgens, mittags, abends 11

Gleich als Erstes 37

Der große Tag 39

Wunschdenken 61

Um kurz vor sieben 63

An einen unbekannten Gott 75

Vor zwei Wochen 79

Pfannengericht 81

Letzte Hand anlegen 83

Kontrollknöpfe 93

Postkarte 119

Das tiefste Meer 121

O Tomatenmark! 139

Morgen, 1908   141

Mit bloßen Händen   155

Aus & vorbei   173

Wörter entfallen mir   181

Die Dame des Hauses   189

Bekanntes Terrain   215

Reise im Dunkeln

Als Erstes fiel uns auf, wie gut du aussahst. Und dass sich in den Hauptfenstern deines Hauses die Glut der untergehenden Sonne spiegelte. Eines Abends, wir kamen gerade von den Wiesen draußen zurück, war der Effekt so dramatisch, dass wir dachten, deine Zimmer stünden in Flammen. Nichts taten wir lieber, als den rasselnden Kies der Einfahrt zu harken, auf einen der makellosen Bäume am Wegesrand zu klettern und zu warten.

Irgendwann hörten wir dann das Motorendröhnen im Tal, gefolgt von einer nervenzerreißenden Stille, in der wir die Füße baumeln ließen und an deine Hände am Lederlenkrad dachten, links und rechts. Dabei waren wir nur Mädchen, kleine Mädchen an der Schwelle zum Erwachsenwerden; lange würden wir keine kleinen Mädchen mehr sein. Die beiden anderen waren mit ihren leeren Luftballonstäben am Bach zurückgeblieben, während ich nun über die Mauer in deinen Ziergarten kletterte, auf den zum Spielen völlig untauglichen Rasen niedersank, die zartlila Muschelschale – meinen kostbarsten Besitz – fest umklammerte und einschlief.

Morgens, mittags, abends

Hin und wieder passt eine Banane ganz gut zum Kaffee. Allerdings darf sie nicht zu reif sein – die Schale braucht genau genommen noch einen Hauch von Grün. Andernfalls kann man es vergessen. Wobei das zugegebenermaßen leichter gesagt ist als getan. Äpfel kann man eine Zeit lang liegen lassen, Bananen nicht. Ihnen bekommt das Vergessenwerden kein bisschen. Sie schrumpeln, riechen faulig und werden schwarz.

Haferkekse passen ebenfalls ganz gut dazu, aber nur die groben; grobe Haferkekse schmecken sogar hervorragend zu einer Banane. Die sollte dann allerdings leicht gekühlt sein, über Nacht im Kühlschrank beispielsweise, falls man zu den vorausschauenden Leuten gehört, die sich schon am Vorabend Gedanken um ihr Frühstück machen; oder man legt sie, und das ist noch besser, einfach in eine schön kalte Fensternische in die Schale nur für Obst.

Eine herrlich breite, tiefe Fensternische, ohne Holzbrett und aus nackten, kalten Ziegeln. Eine Fensternische, die so breit ist, dass sie selbst mit drei ziemlich großen Obstschüsseln nicht vollgestellt wirkt. So macht es wirklich Spaß, die Einkäufe aus der Fahrradtasche zu nehmen und in den Schalen am Fenster zu arrangieren. Auberginen, Kürbis, Spargel und kleine Kirschtomaten sehen zusammen sehr edel aus, es wäre überhaupt kein Wunder, wenn jemand sich spontan berufen fühlte, Pinsel und Palette zu holen und die exotische Patina der erlauchten Gemüseversammlung abzubilden, die da in der schön kalten Fensternische liegt.

Birnen sind weniger gesellig. Birnen sollten immer klein sein und in einer eigenen Schale flach nebeneinanderliegen. Man könnte noch einen pflückfrischen Stiel Johannisbeeren dazugeben, der allerdings den Birnen nicht wie ein Kranz umgelegt, sondern nur locker drapiert wird, sodass einige der scharlachroten Beeren in die sich langsam verschiebenden Zwischenräume kullern können.

Bananen und Haferkekse sind am Morgen übrigens ein guter Ersatz für Porridge, wenn der richtige Zeitpunkt, sich an den Herd zu stellen, verstrichen ist. Etwa, wenn man einen Nachbarn belauschen oder Handtücher falten musste und der Tag plötzlich so weit fortgeschritten ist, dass ein Porridge als bedrückender Rückschritt aufgefasst würde, als graues Mahl aus der

Unterwelt. Höchstwahrscheinlich käme gleich beim ersten Löffel ein dumpfer Unmut zum Vorschein, der einen dann für den Rest des Tages begleitet und sich gegen vier Uhr nachmittags an einer zufällig anwesenden Person entlädt. Genau genommen an einer bestimmten Verhaltensweise dieser Person, einer immer schon irritierenden Angewohnheit zum Beispiel, die sich nun mühelos aufblasen und zuletzt zur Hauptursache für diesen unheimlichen, seit jenem ersten Löffel Porridge anschwellenden Unmut erklären lässt.

Ein Klecks schwarze Johannisbeermarmelade mitten auf dem Porridge kann ganz schön aussehen, ehrlich gesagt macht er sogar einiges her. Dazu ein paar gehobelte Mandeln. Doch Obacht, Obacht bei den gehobelten Mandeln: Für mürrische oder zimperliche Gemüter sind sie nichts, und sie dürfen keinesfalls wie Konfetti über das Porridge geworfen werden, denn Mandeln haben mit Konfetti nichts gemein. Nein, die Mandelhobel sollten einander nicht berühren, sondern vielmehr wie bei einer russischen Pavlova ganz locker hier und da verteilt werden, nur dann sehen sie hübsch und unverfänglich aus. Wenn man hingegen eine Handvoll Mandelhobel einfach wahllos verstreut, erinnern sie an Fingernägel, die sich gerade aus der Erde bohren.

Schwarzblaue Marmelade und leichenbleiche Fingernägel, die langsam in den weichen Haferschleim sinken! In letzter Zeit höre ich Ravel zum Frühstück, immer wieder eine äußerst passende musikalische Untermalung. Und so beginnt derzeit also mein Tag, mit minimalen Abweichungen.

Mit meinen Nägeln ist übrigens alles bestens, vermutlich waren sie nie gepflegter als jetzt. Wer es genau wissen will: Letzten Mittwoch nach dem Mittagessen habe ich sie lackiert, in der Küche, und die von mir dort in der Küche aufgetragene Farbe nennt sich »Hochlandnebel«. Ein schöner und, wie sich herausgestellt hat, sehr passender Name. Denn der Naturton meiner Nägel wird nicht ganz überdeckt und ist unter dem Lack noch schwach sichtbar, an den weißen wie an den rosa Stellen. Im Laufe der Zeit ist die Lackschicht nicht abgesplittert, sondern lediglich etwas dünner geworden, sodass man jetzt nicht nur den weißen und den rosa Teil des Nagels sehen kann, sondern auch den Dreck darunter. Durch den Nebel, der selbstverständlich die Farbe von Heidekraut hat, kann ich den Kohlenstaub unter meinen Nägeln sehen. Wären die Nägel nicht lackiert, würde der Schmutzrand einfach nur ungepflegt wirken; doch die sich auflösende Schicht Hochlandnebel beschert mir völlig neue Assoziationen beim Betrachten meiner Hände. Plötzlich scheinen sie einem bezaubernden, gebildeten Menschen zu gehören, der sich aus einem klammen, muffigen Erdloch befreien musste, in das er niemals hätte hineinfallen dürfen. Die Vorstellung gefällt mir, sie gefällt mir sogar sehr.

In der Tat wäre es gar nicht so abwegig zu behaupten, dass ich so aussehe und mich manchmal auch so gebe wie jemand, der etwas im Garten anpflanzt. Damit will ich sagen, dass ich als bodenständig durchgehen könnte. Die Wahrheit ist jedoch, dass ich mich nie fortgepflanzt habe und mich nicht sonderlich für Gartenarbeit interessiere. Ja, es stimmt, neben der Haustür steht ein Übertopf mit leuchtend grüner Petersilie, aber die habe ich kein bisschen selbst gezogen. Ich habe sie als ganze Pflanze in einem nahe gelegenen Supermarkt gekauft, das kompakte Geflecht aus Wurzeln und Erde aus der Plastikschale gezogen und in den Übertopf neben der Tür gestopft.

Früher, vor ein paar Jahren, als ich noch in der Nähe des Kanals wohnte, hatte ich vom Schlafzimmerfenster aus freien Blick auf ein idyllisches Stückchen Land, das von den Gärten parallel verlaufender Häuserzeilen eingeschlossen und somit verführerisch unzugänglich war. Es zu betreten schien unmöglich, bis mich eines frühen Morgens eine Katze direkt hinführte. Auf der Flucht vor mir schlug sie einen spitzen Haken und verlor dabei einen gefolterten Zaunkönig, den ich nur noch wiegen und zusammenfalten konnte. Der Zaunkönig hatte wochenlang hoch über mir gesungen, wenn ich morgens beim Briefeschreiben in der Sonne gesessen hatte, und verständlicherweise schrie ich vor Schreck, als ich ihn da stumm und verstümmelt im Moos unter der Ligusterhecke liegen sah. Ich war so wütend, am liebsten hätte ich mir die Katze geschnappt und ihr stinkendes Hinterteil in siedendes Öl getaucht. Fauchen sollst du, kleines Miststück. Aber egal. Ich fand mich in dem Garten wieder, der von niemandem benutzt oder besessen wurde, und weil ich einmal da war, beschloss ich wiederzukommen. So lief es, als ich ein Kind war, und grundsätzlich hatte sich seither wohl nicht viel geändert.

Ich stellte Nachforschungen an, hatte aber nicht bedacht, dass die Leute, anders als bei einem Kind, hellhörig werden würden. Schon bald musste ich einen unverfänglichen Grund erfinden, warum ich wissen wollte, wem das Stück Land gehörte und ob ich es gelegentlich betreten dürfe. Bestimmt ließe sich da ganz wunderbar Gemüse anbauen, sagte ich. Obwohl ich mich niemals fürs Gärtnern begeistert hatte und meine Anfrage ziemlich vage formuliere, nahm man meinen Vorschlag ernst. Wie sich herausstellte, gehörte das Grundstück der katholischen Kirche, deshalb schickte man mich zu dem großen Haus an der Ecke, wo der für die Gemeinde zuständige Pastor wohnte. Auf diese Entwicklung war ich nicht vorbereitet gewesen, ehrlich gesagt hatte ich keinerlei ernsthafte Absichten bei der ganzen Sache gehegt. Wahrscheinlich fand ich einfach den Gedanken zu verlockend, einen abgelegenen Ort ganz für mich allein zu haben und hin und wieder dort herumzustehen, in meinem geheimen Garten sozusagen. Aber ich hätte niemals den Mund aufmachen sollen, denn wie immer war ab dem Moment alles verdorben und überhaupt nicht mehr so, wie ich es mir vorgestellt hatte. Gleichzeitig nahm die Sache einen so unvorhergesehenen und absurden Verlauf, dass ich mich fügen musste.

Der Pastor war angenehm gleichgültig und erwähnte Gott kein einziges Mal. Zwar betonte er das Wort Spende auffällig oft, doch ich zuckte dabei nicht einmal mit der Wimper. Wo wohnen Sie?, fragte er. Da drüben, sagte ich und deutete zu einem Haus auf der gegenüberliegenden Straßenseite hinüber. Er schaute nicht in die angezeigte Richtung, anscheinend reichte es ihm, dass meine Wohnung in Sichtweite war, und dann kamen wir zu einer Übereinkunft. Ich kann mich an die Einrichtung des Pastorenhauses nicht erinnern. Die Tapete im Flur war vielleicht lindgrün. Könnte sein, dass ich nicht weiter hineingegangen bin als bis in den Flur. Möglicherweise stand ich auch vor der

Haustür und schaute nur in den Flur hinein, und dann hinunter auf die Kunststoffstufe zu meinen Füßen. Ja, so war es; der Mann trug Turnschuhe.

Eine ausreichend große Fläche zu jäten und ein Kartoffelbeet anzulegen, ist harte, monotone Arbeit, außerdem war der Frühlingsanfang in der Gegend eher unangenehm warm, ganz besonders in jenem Jahr. Ich weiß nicht mehr genau, was mich dazu trieb, jeden Tag in der Hitze zu stehen und dickes, struppiges Unkraut zu entwurzeln. Ich hielt oft inne, stand reglos da und fragte mich, welchen Träumen mein Geist gerade nachhing, konnte mich aber nur selten an etwas erinnern. Ich war verwirrt, aber die anderen wussten zum ersten Mal genau, was ich tat. Es war ihnen sonnenklar. Ich kehrte nach Hause zurück, lehnte die Gartengeräte an die Wand, ging hinein und wusch mir die Hände, und jeder, der mich dabei sah, wusste, was ich tagsüber getan hatte. Ich glaube, zu jener Zeit waren die Nachbarn – mit wenigen Ausnahmen – überraschend freundlich zu mir.

Wie in fast allen Bereichen des Lebens, in denen Erfolg messbar ist, entwickelte ich auch hier keinen Ehrgeiz und entschied mich schon bald für pflegeleichte Gemüsesorten. Kartoffeln, Spinat und Dicke Bohnen. Das war's. Das reichte. Man erzählte mir, es sei ein Kinderspiel, Zucchini, Kürbis und Karotten anzubauen, aber eigentlich hatte sich für mich nichts geändert: weder war ich über Nacht zur Gärtnerin geworden, noch wollte ich wie eine behandelt werden. Kurze Zeit später, die Pflanzen machten sich ganz gut, wurde ich eingeladen, an einer bedeutenden Universität jenseits des großen Wassers über ein Thema zu sprechen, das mich wirklich sehr interessierte, wenn auch aus ungesunden Gründen. Damit will ich sagen, dass mein Interesse viel zu persönlich war, streng genommen gar nicht wissenschaftlich. Meine Methodik war angeblich nostalgisch und mein Ansatz geradezu naiv. Ich hatte keine der gängigen akademischen Regeln beachtet, die ich ohnehin nicht verstand, und stattdessen planlos den Literaturkanon der westlichen Welt geplündert, um eine These zu belegen, an die ich mich leider nicht mehr erinnern kann. Irgendwie ging es um Liebe. Um die zwangsläufige Brutalität der Liebe. Um jene ungestümen Seelen, die sich der Liebe als Mittel zur totalen Selbstaufgabe bedienen. Ja, genau. Ich wollte zeigen, dass die Liebe in der Literaturgeschichte durchweg als ein verzehrender Prozess ekstatischen Leidens dargestellt wird, der uns auslöscht. Am Ende bleibt nur das Vergessen. Amputiert, abserviert. Etwas in der Art. Etwas in der Richtung. Ich bin verrückt nach dir. Ich verliere noch den Verstand. Meine Seele verzehrt sich nach dir. Ich brenne für dich. Es gibt nichts mehr, nichts außer dir. Ohne dich bin ich hoffnungslos verloren. Etwas in der Art. Ich glaube, es kam nicht so gut an.

Genau genommen wurde meine These als eher bieder aufgenommen, und ich weiß noch, dass ich mich trotz meiner neuen Blümchenbluse plötzlich miesepetrig fühlte, geradezu gruftig. Unterm Strich wollte ich wohl nur sagen, dass die Liebe in der Tat einen teuflischen, göttlichen Zerfall des Selbst bedeutet, und dass ihre künstlerische Darstellung in den meisten Fällen gar nicht ungewöhnlich und haarsträubend genug sein kann. Im Werk des Dramatikers, den die Tagung vorgeblich neu bewerten sollte, verbarg sich furchtbar viel Gewalt, die im Großen und Ganzen und bis dahin immer nur als dramaturgische Strategie rezipiert worden war. Es ging darum, das Publikum zu schockieren, was ich nie wirklich glauben konnte; denn was um alles in der Welt soll an Gewalt schockierend sein? Um eine Sprache der Liebe herauszuarbeiten, die die grässliche, mit dem Verlangen nach einem anderen Menschen einhergehende Entfesselung beschreibt, hatte ich, wie ich zugeben muss, in der Tat nicht nur auf Sappho, Seneca, Novalis, Roland Barthes, Denis de Rougement und den niederländischen Kulturhistoriker Johan Huizinga Bezug genommen, sondern mir auch Texte von PJ Harvey und Nick Cave angeschaut. Ich wollte aufzeigen, dass das Verlangen zu sterben mindestens so stark ist wie der Wunsch nach Selbstbehauptung, manchmal sogar stärker. *So tief wie Tinte und schwarz, schwarz wie das tiefste Meer.*

Danach schlenderten die Leute umher oder standen nickend in Grüppchen beisammen. Ich überlegte noch, durch welchen der Ausgänge ich am schnellsten verschwinden könnte, als mich eines der akademischen Schwergewichte ansprach und meinen Vortrag bewertete. Das alles ist übrigens viele Jahre her. Ich weiß nicht genau, warum ich es jetzt erzähle, da es doch ein wenig vorteilhaftes Licht auf mich wirft. Ich weiß nicht mehr genau, was er zu mir sagte, aber es war äußerst herablassend, und ich erinnere mich noch sehr deutlich daran, dass ich dachte: Warum kippst du nicht einfach um? Warum verhedderst du dich auf dem Weg zur Tür nicht in irgendwelchen Monitorkabeln, warum schlägst du nicht mit dem Kopf gegen die harte Kante des Tisches, an dem ich eben noch gesessen und meinen ach so niedlichen Vortrag gehalten habe? Zieh dir doch einfach eine kleine Platzwunde zu, aus der ein paar Tropfen Blut quellen. Ein winziges Rinnsal bloß, damit du nicht ernstlich verletzt aussiehst, sondern einfach nur dumm und irgendwie unseriös. Vielen Dank, sagte ich. Ich spürte schlagartig eine Kälte im Rücken und vermutete eine offene Tür hinter mir. Ich drehte mich um und ging los, und tatsächlich, der Untergrund veränderte sich und wurde nass. Der Parkplatz war praktisch leer und roch nach alten Geschirrtüchern.

Vielleicht sollte ich erwähnen, dass ich zu der Zeit bei einer Frau wohnte, die ich ein Jahr zuvor in London kennengelernt hatte. Sie war eine begnadete Wissenschaftlerin. Ihre Fähigkeit, auf alles, was gerade passiert oder gesagt worden war, etwas Mitreißendes entgegnen zu können, beeindruckte mich schwer. Wie jemand spontan und unter beliebigen Umständen so ausnahmslos wohlgeformte und zweifelsfreie Gedanken absondern konnte, war mir schleierhaft. Sie teilte sich ein Reihenhaus mit einigen anderen Doktoranden, einer davon war ein richtiger Macho. Eines späten Abends, als meine Freundin schon im Bett lag, kam er ins Wohnzimmer, wo ich mit einem dicken Buch auf den Knien saß, und schob mir eine Wärmflasche unter die Füße. Wir haben uns nicht geküsst, das kam erst danach, ein paar Wochen später. Davor flog ich nach Hause, wir schrieben uns ein paar Mails, und plötzlich mussten wir einander dringend wiedersehen. Also flog ich zurück, und da erst küssten wir uns.

Das alles hat übrigens nichts mit jetzt zu tun. Obwohl ich das mit dem Mann und der Wärmflasche sehr vielversprechend habe klingen lassen, stand die Liaison in Wahrheit unter einem schlechten Stern. Zudem, und das ist wohl weniger überraschend, entwickelte die Aussichtslosigkeit meiner akademischen Bemühungen eine Dynamik von so heimtückischer Wucht, dass ich eines Tages beim Verlassen eines Ladens das Zellophan von einer Zigarettenschachtel zupfte und für etwa eine halbe Stunde im Nirgendwo verschwand. Mein Geld war aufgebraucht; ich hatte meine Mittel so lange strapaziert, bis nichts mehr auf dem Konto war, und nun wusste ich nicht mehr, ob ich nach rechts oder links gehen sollte. Und als ich mich etwa eine halbe Stunde später wieder in Bewegung setzte, war es hauptsächlich, weil ich ständig von irgendwelchen fremden Leuten gefragt wurde, ob der Bus denn schon abgefahren sei. Weiß ich nicht, sagte ich. Weiß ich nicht. Ich wusste es nicht. Es war, als würden die Leute zurückweichen und sich auflösen, und ich blieb allein und absolut planlos zurück – ich glaube nicht, dass ich mich seither jemals wieder so überflüssig gefühlt habe. Endlich stand mir die Sinnlosigkeit meiner Anstrengungen glasklar vor Augen.

Aber die Kartoffeln gediehen trotz alledem prächtig! Ich habe meinen Machofreund viele Male besucht, und den Kartoffeln, dem Spinat und den Dicken Bohnen machte es gar nichts aus. Wenn ich dort war, lag ich manchmal neben ihm im Bett, konnte nicht einschlafen und musste an die Kartoffeln, den Spinat und die Dicken Bohnen denken. Ich reckte die Hände zur Zimmerdecke, spreizte die Finger und spürte eine solche Sehnsucht! Ich konnte mich sehr gut an die Erde erinnern, die dunkel war und roch, als wäre sie nie zuvor umgegraben worden, und an den Kanal in der Nähe, und immer stand über allem der Mond, und manchmal wagten die Spinnen sich ganz kurz vom Netz herunter und nahmen zögerlich Kontakt zu den reglosen Kanten der Dinge auf. Wir verstanden uns nicht besonders gut, was aber unseren Sex nicht beeinträchtigte. Der war unantastbar und unwiderstehlich und ließ alle anderen Aspekte der schwindenden Beziehung eine ganze Zeit lang in den Hintergrund treten. Wir schrieben einander hunderte von lüsternen E-Mails, und mit lüstern meine ich sowohl explizit als auch obszön. Es war herrlich. Ich hatte so etwas noch nie zuvor getan, niemals hatte ich etwas Schlüpfriges geschrieben, das Ganze war mir vollkommen neu, aber ich muss sagen, ich hatte den Bogen ziemlich schnell raus. Ich wünschte, ich hätte die Mails archiviert; ich wünschte, ich wäre nicht ganz so abrupt aus dem Gleichgewicht geraten, als wir uns endlich eingestanden, dass achtzehn Monate mehr oder weniger das waren, was man von einer Beziehung, die hauptsächlich aus begeisterter Kopulation bestand, erwarten konnte.

Unsere Korrespondenz, die sich zu dem Zeitpunkt auf etwa zweitausend E-Mails belief, löschten wir vollkommen unüberlegt. Nie wieder werde ich solche E-Mails schreiben können, beziehungsweise nie wieder zum ersten Mal. Und genau das hatte es im Grunde so aufregend gemacht – mich der Sprache auf ungekannte Weise zu bedienen und einen intimen Bereich meiner selbst zu transkribieren, der nie zuvor linguistisch aufgearbeitet worden war. Ich muss schon sagen, es war wirklich schön, sich dann und wann eine Auszeit zu gönnen und, anstatt ein weiteres überladenes Abstract zu den immer gleichen Themen zusammenzuschustern, genauestens auszuführen, wie und wo ich mich um den Verstand vögeln lassen wollte.

Das Ganze war natürlich nicht einseitig. Er hat mich auch besucht, ehrlich gesagt hat er sogar das von mir angebaute Gemüse gegessen und vollkommen zu Recht gelobt. Wir aßen auch Orangen, ziemlich oft sogar – genau genommen wurde der Verzehr von spanischen Orangen zu einer Art Ritual. Nach stundenlangem Sex schmecken Orangen besonders gut. Ihre Säure durchschneidet den Mief und sorgt für geschmackliche Klarheit; man ist wieder in der Lage, einen Plan zu fassen, beispielsweise das Haus zu verlassen und essen zu gehen.

Das alles hängt jedoch, wie ich schon sagte, mit jetzt

überhaupt nicht zusammen. Ich weiß nicht, womit es zusammenhängt, ehrlich gesagt weiß ich nicht einmal, was genau es zu bedeuten hat. Ich könnte erzählen, dass ich auf zwei japanische Wandteppiche warte, die ich dieses Jahr in Frankreich gekauft habe, doch selbst das wäre wenig zielführend und könnte am Ende einen falschen Eindruck von mir vermitteln, einen glamouröseren Eindruck, als wäre ich die äußerst wohlhabende und dabei sehr bescheidene Eigentümerin eines geheimen Warenlagers voller exotischer Sammlerstücke und gefragter *objets d'art*. Das ist leider ein Trugschluss, ehrlich gesagt kann man in diesem Fall kaum von Wandteppichen sprechen. Im Grunde sind es nur zwei in Rahmen gespannte, mit roségoldenen Fäden bestickte alte schwarze Stofflappen. Der eine zeigt zwei Hände, der andere ein eher vage angedeutetes Profil. Soweit ich es beurteilen kann, müssen da ursprünglich viel mehr Stiche und die Bilder entsprechend detailreicher gewesen sein; aus einem mir völlig unverständlichen Grund wurden die meisten Stiche entfernt. Wenn man sich Mühe gibt, kann man noch erkennen, wo der – wahrscheinlich seidene – Faden sorgsam durch den Stoff gefädelt wurde und winzige Löcher hinterließ. Ich fürchte, dass die Wandbilder in ihrer neuen Umgebung nur noch wie zwei eingerahmte Stofflappen aussehen werden, falls sie überhaupt jemals hier ankommen. Angeblich sollten sie um sieben Uhr geliefert werden, inzwischen ist es schon nach halb acht.

Später dann hatte ich in einer Wohngemeinschaft ein Zimmer mit eigenem Bad. Kein angrenzendes übrigens. Ich verstehe gar nicht, was an Bädern so toll sein soll, die direkt vom Schlafzimmer abgehen. Meiner Meinung nach ist das ziemlich langweilig, außerdem finde ich es viel besser, ein Zimmer vollständig zu verlassen, bevor man ein anderes betritt. Hinzu kam, dass ich nicht nackt in meinem Zimmer herumlaufen wollte und die Vorstellung schrecklich fand, mich bei offener Badezimmertür auszuziehen; wobei ich bekleidet zu sein damals genauso unerträglich fand. Beim Anziehen krümmte ich mich innerlich, es fühlte sich lächerlich und banal an, und natürlich konnte ich nie ausblenden, dass die Knöpfe von denselben Fingern durch die Knopflöcher geschoben wurden, die sie später wieder herausholen würden. Ausgiebige Wannenbäder am Ende des Korridors wurden zu meiner letzten Zuflucht. Ich weiß gar nicht, was passiert wäre, hätte ich ein angrenzendes Bad gehabt. Letztendlich verbrachte ich viel zu viel Zeit in der Wanne, Stunden über Stunden, um ehrlich zu sein. Ich wusste wirklich nicht, wohin ich sonst gehen sollte. Manchmal saß ich am Schreibtisch, aber eigentlich war es damit vorbei. Ja, ich hatte endlich das Handtuch geworfen. Es hatte nicht funktioniert. Ich hörte auf mit dem, was ich im Grunde genommen gar nicht tat, und suchte mir einen Job in einer Fahrradwerkstatt – ein Glücksgriff, wie sich herausstellte, denn kurz nachdem ich dort angefangen hatte, brauchte ich dringend ein neues Fahrrad. Zwar besaß ich ein Fahrrad, doch ich suchte ein neues, ein anderes mit Gangschaltung, ein Rad, mit dem man den Berg hochkam. Ich wollte Einkäufe transportieren, folglich brauchte ich ein stabiles, zuverlässiges Rad, mit dem ich nachts auf unbeleuchteten Straßen fahren konnte, und zwar bergauf.

Zum ersten Mal sah ich es durch die Hecke. Es war Sommer und die Hecke so dicht, dass man kaum hindurchblicken konnte. Nur, wenn man die Blätter ein Stückchen auseinanderschob, konnte man etwas erkennen – aber man musste vorsichtig sein, weil von allen Heckenzweigen leuchtende Blüten aufragten, wie Ballerinen auf Zehenspitzen. Das kann es nicht sein, sagte ich zu meiner Freundin. Glaubst du, das ist es? Ich trat einen Schritt zurück, blieb auf der Straße stehen, ließ den Blick bergauf und bergab wandern. Das muss es sein, sagte ich. Hier gibt es kein anderes. Es ist perfekt, sagte sie. Ich kann es nicht fassen, sagte ich. Wir spähten schweigend durch die Hecke, und natürlich wusste ich, das war es.

Platzsets sind ehrlich gesagt nicht so mein Ding, aber anscheinend muss ich demnächst welche kaufen und unter die Obstschalen in der Fensternische legen. Der Stein ist offenbar zu kalt und möglicherweise auch ein bisschen klamm; neulich ist eine Orange viel zu schnell verdorben, und heute habe ich feuchten Flaum auf einer Aubergine entdeckt. In Form und Farbe erinnerte der Flaum an eine Auster. Ich sollte bald einmal wieder zur Biotonne gehen. Anscheinend habe ich den Gang schon viel zu lange aufgeschoben. Irgendwie habe ich das Interesse an der Biotonne verloren, sie ist langweilig geworden. Neulich hat mir jemand erzählt, aus seiner seien Würmer gekrochen, was ich ziemlich beeindruckend fand. Ich mag Würmer und habe kein Problem damit, sie anzufassen, was ungewöhnlich ist und mir in Stresssituationen zum Vorteil gereicht; wenn mir danach ist, kann ich Leute damit bewerfen, und schon bekomme ich gute Laune. Auf der Arbeitsplatte in der Küche steht eine blaue Plastikschüssel, in der ich Pellen und Schalen und benutzte Teebeutel und Rinden und Stängel und welke Blätter und leere Schoten und so weiter für die Biotonne sammle. Ich hatte mich für eine eher kleine Schüssel entschieden, weil ich den Biomüll regelmäßig hinaustragen wollte, ehrlich gesagt täglich, aber das klappt nicht. Es klappt nicht, und der Abfall türmt sich in der Schüssel immer höher auf, und manchmal – wenn auch selten – kippe ich alles in eine größere Schüssel um und mache einfach weiter wie gehabt.

Womit? Nun, nur damit das gesagt ist: Es gibt hier immer etwas zu tun – aber selbstverständlich erst, nachdem ich Feuer gemacht habe. In dieser Jahreszeit müssen die Vögel mindestens drei Mal am Tag gefüttert werden. Und irgendwann ist es an der Zeit, das Bett zu machen. Oder ich gehe zur Straße hoch und werfe einen Blick in den Briefkasten. Zuallererst muss ich jedoch einen Kaffee trinken. Manchmal esse ich eine Banane dazu. Manchmal brauche ich nicht mehr. Anschließend wird die blaue Schüssel in die Biotonne geleert, oder auch nicht. In jedem Fall wird der Eimer aus Emaille neben das Haus geschleppt und mit Kohlen gefüllt, mehrfach. Weil vor der Eingangstür keine Trittstufe ist und Schmutz einfach so hineingetragen wird, müsste man das Haus eigentlich ständig durchfegen. Abgesehen davon gibt es natürlich immer irgendetwas zu falten.

Ich schrieb dem Mann – seine getrennt lebende Frau ist eine sehr gute Freundin von mir – eine SMS und fragte ihn, ob er eingeschlafen sei, anders könne ich mir seine Verspätung nicht erklären. Er meldete sich sofort und schrieb, er sei schon unterwegs. Er brachte mir einen Sack mit Feuerholz aus seinem Garten mit, und eine Flasche Wein aus dem Land, in dem seine von ihm getrennt lebende Frau – meine sehr gute Freundin – inzwischen lebt. Ich kannte den Wein, es war irgendwie schräg, ihn jetzt und in dieser Umgebung zu trinken, ganz ohne sie. Die minimalistischen japanischen Wandbilder steckten in einer großen Baumwolltragetasche, die er an die Ottomane unter dem Spiegel lehnte. Ich hielt mich von der Tasche fern, um den Eindruck zu erwecken, der Inhalt interessiere mich nicht. Ich wollte mir die Bilder nicht in seinem Beisein ansehen, ich wollte allein sein und mich nicht spontan dazu äußern müssen. Wenn eine Aussage nur einer in der Nähe herumstehenden Person zuliebe gemacht wird, ist sie meistens nichtssagend, und etwas Wesentliches, das später nicht mehr eingefangen werden kann, geht verloren. Es machte mir nichts aus, noch ein wenig zu warten, im Gegenteil, es war mir eine Freude. Die Vorfreude macht mich zu einem lebhaften, mitteilsamen Menschen, als wäre ich plötzlich aufgewacht und alle meine Sinne in Erwartung des ersehnten Objekts geschärft. Und tatsächlich erscheint die Welt als funkelnder und faszinierender Ort, sobald etwas vage Geheimnisvolles in Reichweite rückt. Der Mann blieb für eine Stunde, wir unterhielten uns über seine drei Söhne, die Wohnungssuche im Ausland und über die jüngsten Erfolge eines gemeinsamen Bekannten. Gelegentlich gab er selbstherrliche Kommentare von sich, um mich zu provozieren, aber ehrlich gesagt vergeudete er damit seine Zeit, denn ich ließ mich nicht kränken – ganz im Gegenteil, ich amüsierte mich über seine Sprüche und brachte ihn durch meine respektlose Haltung aus dem Konzept. Anscheinend legen manche Leute es bewusst darauf an, ihr Gegenüber zu ärgern. Möglicherweise haben wir auch über Weihnachten gesprochen, ich weiß es nicht mehr. Nachdem er gegangen war, näherte ich mich der Tasche nicht sofort. Ich trug sein leeres Glas und den Weinkühler in die Küche, packte das Feuerholz aus, das er mir freundlicherweise mitgebracht hatte, und hängte einen Mantel auf. Der Wein vagabundierte durch mein Blut, aber ich wollte den Bildern nicht mit schwindeligem Kopf und übersteigerten Erwartungen entgegentreten. Also wartete ich ab, bis ich nicht mehr ganz so aufgedreht war. Dann erst ging ich zu der Tasche und nahm die schweren Rahmen heraus, konzentriert und gelassen, wie eine Kennerin.

Da sind sechseinhalb kleine Blumen. Die Blütenblätter sind winzig und herzförmig. Drum herum sind einzelne Blütenblätter verteilt, nicht herzförmig und ein wenig dunkler, als lägen sie im Hintergrund. Zwei Hände recken sich nach den Blumen, beziehungsweise die Umrisse von zwei Händen und der Kante eines Kimonoärmels. Da ist ein Gesicht, es ist abgewendet, schaut nicht zu den Händen auf und scheint sich auch sonst um ihre Gesten nicht zu kümmern. Stirn, schwere Lider, gespitzte Lippen, ein Ohrring. Die ganze Handlung spielt sich auf einer schmalen Diagonale ab, die sich quer über den Stoff zieht, der Rest ist Schwärze. Im zweiten Rahmen dasselbe Gesicht, umrissen durch noch weniger Stiche. Während ich das geneigte Profil betrachte – auch hier ist schweres Kimonogewebe angedeutet –, werde ich mir meines Irrtums bewusst: Nichts wurde weggenommen, denn da war nie etwas. Was ich zu sehen glaubte und immer noch sehe, wenn ich dicht genug davorstehe, war nur ein Entwurf, eine Idee. Natürlich! Wer immer die Bilder erschuf, hat keine Stiche entfernt, denn er hegte, anders als von mir zunächst vermutet, niemals die Absicht, noch einmal von vorn zu beginnen. Er hat einfach aufgehört. Er fühlte sich nicht mehr verpflichtet, den ursprünglichen Entwurf auszuführen, und so ließ er es dabei bewenden. Die wenigen sichtbaren Details offenbaren genug. Der Künstler muss das gespürt haben und sehr zufrieden mit sich gewesen sein, denn warum sonst hätte er die beiden dunklen Fragmente so aufwendig rahmen lassen?

Ich habe sie auf den Kaminsims gestellt, man könnte fast sagen, dass sie einen Ehrenplatz einnehmen. Sie stehen Seite an Seite, aber nicht zu dicht nebeneinander. Sie sind verwandt, aber kein Paar. Manche Besucher werden sie nicht wahrnehmen, andere auf Anhieb fasziniert sein. In dem Fall gehe ich in die Küche und gebe ihnen Gelegenheit, sich mit den Bildern zu beschäftigen, ohne darüber reden zu müssen, was alles verderben würde. Ja, ich könnte in der Küche stehen und von dort aus alles im Blick behalten, und möglicherweise werde ich vor Freude kaum an mich halten können, weil ich spüre, dass jemand sich immer tiefer hineinziehen lässt, dass er mich jeden Moment aufgeregt zu sich rufen und verwundert sagen wird: »Sieh mal, sie hält einen Sonnenschirm in der Hand!«

Bei meinem Einzug stand der halbe Garten schon in voller Blüte: Glyzinien, Fuchsien, Rosen, Goldregen und viele andere Büsche und Stauden, deren Namen ich nicht kenne. Viele sind wild und alle zahlreich vertreten. Meistens schien die Sonne, ich verbrachte viel Zeit draußen und lief den ganzen Tag zwischen Haus und Garten hin und her. Unzählige Arten von Bienen, Wespen, Schmetterlingen, Libellen und Vögeln – so viele Vögel! – brachten die Luft zum Brummen, alle hatten so viel zu tun. Alle: Jeder Baum, jede Blume, jeder Vogel, jedes Insekt hatte zu tun. Morgens tänzelte ich durch mein Haus, nahm das Steingut aus den Regalen und arrangierte es in launigen Stapeln auf den Fenstersimsen. Ich schnitt Pfirsiche klein und hackte

Haselnüsse, breitete die Decke übers Bett und strich sie glatt, goss die Blumen, putzte Spiegel, fegte Böden, polierte Gläser, faltete Kleidung, wischte Schrankfächer aus, häutete Tomaten, hackte Frühlingszwiebeln. Nach dem Mittagessen nahm ich eine Decke in den oberen Garten mit, legte mich unter die Bäume und lauschte den Dingen.

Ich hörte den kleinen Käfer, der mir über die Stirn kroch, immer am Haaransatz entlang. Ich hörte eine Spinne, die sich durchs Gras der Decke näherte. Ich hörte zwei zankende Blaumeisen, die oben in den Zweigen schaukelten. Ich hörte eine Ringeltaube, deren Flügel auf die Äste der in Efeu gehüllten Birke eindroschen, und Stare auf den hohen Stromleitungen, und noch weiter darüber hörte ich Möwen und Mauersegler. Und jedes Geräusch war eine Sprosse einer Leiter, auf der ich immer weiter aufwärts stieg. Auf diese Weise gelangte ich in große Höhen, ich kletterte an den Wolken vorbei einer vogelhaften Ausgelassenheit entgegen, und dann gab es nichts mehr als fortwährendes Licht und blaue Weiten. Später dann, gegen Abend, als es kühler wurde, kuschelte ich mich an mich selbst an und hörte immer weniger zu, sodass ich ganz langsam durch die Dämmerung auf die Erde zurücksank. Ehrlich gesagt wurde ich dann sehr hungrig; ich warf mir die Decke über die Schulter, ging ins Haus und bereitete das Abendessen zu. Meistens bestand es aus Dicken Bohnen, Zitronen, manchmal Spinat, und dazu gab es reichlich gehackte Walnüsse und Frischkäse.

> Klein hacken.
> Morgens, mittags, abends, wie es scheint.
> Ich liebe es, Dinge klein zu hacken.

Zwischen diesen dicken Steinmauern klingt das Klacken des schweren Messers auf das Holzbrett gedämpft und melodisch. Wie ein schamanischer Singsang verzaubert und beruhigt es mich. Zu anderen Zeiten, besonders am späten Abend, wird der Klingenklang abgehackt und scharf, und dann muss ich mich zusammenreißen, um den Blick gesenkt und die Hände ruhig zu halten. Ich guillotiniere vor mich hin und zerkleinere methodisch den derben Haufen mondäner Nachtschattengewächse, bis die Früchte ihre ursprüngliche Farbe verlieren. Ich hacke und zerlege alles in seine Einzelteile, morgens, mittags und abends, in einer Art konzentriertem Stupor. Ich versuche, dabei nicht auf mein Spiegelbild zu achten. Ich kann den Anblick nicht ertragen, ganz besonders den meiner Taille nicht, wie sie sich dort in dem Spiegel rechts von mir verdreht. Sie sieht aus, als wollte sie den Abflug machen, dabei weiß ich doch genau, dass sie das nicht kann.

Gleich als Erstes

Der Rattenfänger hat mich aufgeweckt. Ich wusste, dass er kommen würde, doch ich hatte am Vorabend drei übervolle Glas Bier getrunken; nicht einmal die Ratte hatte mich gestört. Ich wollte weiterschlafen.

Weiterschlafen, während die Vögel aufsteigen und die Pferde den Berg heraufkommen und die vier Kühe sich neu auf der Wiese anordnen und der Hund den Pferden bergab folgt und die Katze mal hier ist und mal dort und der Fuchs durch die Einfahrt schleicht und der Esel herumsteht. Aber der Rattenfänger hatte mich geweckt, deswegen musste ich nach unten

und habe uns erst einmal Kaffee gekocht. Weil ich noch nicht ganz da war, wusste ich nicht, was ich mag; ich habe den Kaffee mit zwei Löffeln Zucker und einem Schuss Milch getrunken, so wie der Rattenfänger.

Der große Tag

Aus einem Grund, der mir partout nicht mehr einfallen will, saß ich eines Nachmittags lange bei meiner Nachbarin herum, ganz allein und im Mantel, in dem Zimmer zwischen Küche und Wohnstube. Ich wusste nicht, wo die Frau war, die mir die Tür geöffnet hatte, wahrscheinlich stellte sie gerade irgendwo im Garten ein Schild auf, denn zu jener Zeit machten alle sich für den großen Tag bereit. Ich hatte ihnen die Wimpel längst gebracht, aus dem Grund konnte ich also nicht dort gewesen sein. Genau genommen hatte ich ihnen neben den Wimpeln auch eine Schachtel mit bunten Strohhalmen gebracht, die mir irgendjemand im Frühling geschenkt hatte, wahrscheinlich um meinen Geburtstag herum. Wie dem auch sei, ich konnte mich genau erinnern, die Schachtel mit den Strohhalmen neben dem Gartentor auf die Mauer gelegt zu haben, an einem schönen Nachmittag, als ich mich besonders großzügig und beschwingt fühlte. Nur deswegen war ich überhaupt in der Lage gewesen, meinen wachsenden Widerwillen zu überwinden und zum großen Tag etwas beizusteuern, das ich unter der Küchenspüle gefunden hatte. Spenden war übrigens anstrengender als gedacht, weil die Schachtel auf der Mauer nicht aufrecht stehen bleiben wollte. Im Liegen sah sie aber nicht so gut aus, was vollkommen nachvollziehbar ist, wenn man sich vergegenwärtigt, dass ein liegender Strohhalm ein nutzloser Strohhalm ist. Folglich wurde ich eine Weile an der Mauer festgehalten, ich haderte mit der Schachtel und suchte nach einer Möglichkeit, sie so aufzurichten, dass ihre Endposition weder die Ernsthaftigkeit meiner Geste in Frage zog, noch der schicken Verpackung schadete. In der Schachtel befanden sich rosafarbene, blaue, gelbe und vielleicht auch ein paar grüne Strohhalme. Die rosa Strohhalme waren ehrlich gesagt die hübschesten, sie leuchteten auf eine unerklärlich elegante Weise, wohingegen die anderen Farben weniger beeindruckten und die dazugehörigen Halme an jene ausgeblichenen Plastikröhren erinnerten, durch die kleine Kinder in – vorzugsweise in europäischen Binnenstaaten gelegenen – Wasserparks rutschen. In der Tat kann ich mich noch gut an ein Freibad in Bayern erinnern, wo Kinder den ganzen Tag hochkonzentriert um die Liegen schlichen und gläserne Pfandflaschen sammelten, die sie im Tausch gegen ein paar Pfennige, und damals waren tatsächlich noch Pfennige im Umlauf, an einer von düsterem Immergrün umwucherten Kioskklappe abgaben. Auch jener Tag war auf unheimliche Weise heiter gewesen, auch damals war ich allein. Ich stieg ins Wasser, war aber nicht mutig genug, bis ans andere Ende des Beckens zu schwimmen, weil es mir, wenn ich allein bin, unmöglich ist, Entfernungen richtig einzuschätzen.

Nicht bloß, dass ich bei meiner Nachbarin den Mantel nicht ausgezogen hatte, ich trug auch immer noch meinen Rucksack. Wahrscheinlich fühlte sein Gewicht sich tröstlich an. Ich hatte mich vielleicht einfach nur in seine gepolsterte Umklammerung sinken lassen. Ich saß also auf einem altmodischen Küchenstuhl und war schon recht ausgelaugt vom Tag, vermutlich kam ich von Erledigungen in der Stadt zurück. Danach taten mir Nacken und Schultern oft weh. Vielleicht wollte ich der Nachbarin auch bloß ihre Post vorbeibringen. Das kommt regelmäßig vor; keiner meiner Nachbarn kontrolliert den Briefkasten so oft wie ich, was verwunderlich ist, wenn man bedenkt, dass sie alle ziemlich regelmäßig interessante Dinge geschickt bekommen. Manchmal nehme ich kleine, handgefertigte Schachteln und prallvolle Briefumschläge an mich und lege sie auf den Nachtspeicherofen in meinem Haus, wo sie nicht selten bis zu einer Woche bleiben, bevor ich dazu komme, sie dem eigentlichen Empfänger zu überbringen. Im Briefkasten sammelt sich die Feuchtigkeit, die Umschläge werden wellig oder reißen ein. An manchen Tagen leere ich pflichtbewusst den Kasten, an anderen lässt meine Verfassung kein Interesse an der Post anderer Leute zu. Natürlich standen im Haus meiner Nachbarin jede Menge Dinge herum, die vom unmittelbaren Bevorstehen des großen Tags zeugten, ich hatte mich ehrlich gesagt überhaupt nur dort hingesetzt, um die von der Vermieterin zur Verfügung gestellten historischen Dokumente zu studieren. Es gab zum Beispiel eine rudimentäre Landkarte mit Rechtecken drauf, allesamt mit Namen versehen, das waren die verschiedenen Cottages, in denen zum Zeitpunkt der damaligen Volkszählung, vor rund hundert Jahren also, die unterschiedlichsten Menschen gewohnt hatten. Dieser Umstand ist besonders hervorzuheben, weil manche Gebäude nicht nur Menschen Unterschlupf gewährten. Mein Haus zum Beispiel wurde eine Zeit lang als Heuschober genutzt, und wahrscheinlich hatte sich die eine oder andere trächtige Kuh hineingeflüchtet. Zu der Landkarte gehörte eine Statistik mit Informationen zu allen zweibeinigen Bewohnern und den genauen Daten, wann sie hier gelebt hatten. Ich fand die Zahlen langweilig. Und auch die Namen waren nichts Besonderes, Allerweltsnamen, wie man sie überall lesen kann, auf Apothekenfenstern und Kneipenschildern und den Plastikverpackungen von Frühstücksspeck, um nur einige Beispiele zu nennen. Vielleicht hatte ich auch einfach nur meine Schlüssel verlegt und war auf die Nachbarin angewiesen, wenn ich in den Hauswirtschaftsraum gehen, die Wäsche aus der Maschine holen, sie in einen Korb legen, in den Garten tragen und zum Trocknen auf die Leine hängen wollte.

Muss man unbedingt wissen, warum ich mich im Haus meiner Nachbarin aufhielt? Mir ist schleierhaft, warum ich darüber rede oder warum es mich so irritiert, den Grund für meinen Besuch vergessen zu haben. Was hätte ich davon, plötzlich doch wieder zu wissen, was mich dorthin führte? Die Wimpel vielleicht oder die Strohhalme, oder vielleicht wollte ich einfach nur zu der Waschmaschine, in der meine Wäsche lag. Möglicherweise wollte ich Post abliefern, einen Löffel zurückbringen, um ein Glas Marmelade bitten oder mich nach dem Verbleib meines Schlafsacks erkundigen, der zwei Monate unauffällig hinter dem Wäschetrockner gelegen hatte und plötzlich verschwunden war; vielleicht wollte ich auch über den hässlichen Schäferhund lästern, der jeden Morgen aufs Grundstück kommt und zwischen Schuppen und Anbau eine notdürftig herausgepresste Kotwurst hinterlässt. Nicht auszuschließen, dass die Nachbarin mich draußen gesehen und ein Gespräch über den großen Tag begonnen hatte, und ich war darauf eingegangen, ja, natürlich komme ich kurz rein und sehe mir das historische Material an, das die Vermieterin extra zur Verfügung gestellt hat.

Anscheinend hatte sie mir einen Tee gekocht, bevor sie hinausgegangen war, um das Warnschild neben dem Teich aufzustellen. Der Teich ist übrigens gar nicht tief. Wenn es nach mir ginge, würde neben dem Teich kein Schild mit der Aufschrift Teich aufgestellt. Ich persönlich würde entweder etwas anderes auf das Schild schreiben, Schweinetränke zum Beispiel, oder es ganz lassen. Ich weiß, zu welchem Zweck sie das Schild aufstellt: Es soll Kinder davon abhalten, zum Teich zu rennen und hineinzufallen. Ich bin dennoch dagegen. Nicht, dass ich per se Kinder in den Teich fallen sehen möchte, obwohl ich wirklich nicht verstehe, welchen Schaden sie nehmen würden; es ist eher so, dass ich nicht anders kann, als die Situation aus der Kinderperspektive zu betrachten. Ehrlich gesagt wäre ich empört und zu einem sofortigen Racheakt angestachelt, wenn man mich an einem Nachmittag im späten September an einem vermeintlich magischen Ort ganz allein zu einem Teich rennen lassen würde, neben dem auf einem schiefen, schimmeligen Sperrholzschild das Wort Teich geschrieben steht. Im Ernst, ich wäre stinkesauer. Wichtigtuerischer Erwachsenenschwachsinn dieser Art durchzieht ganze Kindheiten und ist einfach nur ärgerlich. Da macht man sich auf, etwas Neues zu entdecken, seine Beobachtungsgabe zu schulen, durch viel Übung die in die Erde eingebetteten Zeichen zu erkennen und sich in einem unmittelbaren Einklang mit den Dingen durch die Welt zu bewegen, und dann wird dieser wichtige Prozess durch die idiotische Überlagerung von wörtlichen Zuschreibungen und hirnrissigen Warnungen abrupt unterbrochen. Am Ende erscheint das gesamte Gelände rätselhaft und unzugänglich, wo es doch in Wahrheit wunderbar ist. Als wäre die ganze Welt eine kolossale, raffinierte Todesfalle. Wie soll ich mich hier jemals zu Hause fühlen, wenn ich überall auf aufdringliche Panikmacheschilder stoße?

Sie war im Garten, und ich saß auf dem Küchenstuhl, den Rucksack auf dem Rücken und den Mantel bis ans Kinn zugeknöpft, und ganz bestimmt habe ich Tee getrunken, denn warum sonst wäre ich so lange geblieben? Denn ich bin ziemlich lange geblieben. Ehrlich gesagt hat es mir wohl gefallen, dort herumzusitzen, womöglich war es für mich so ähnlich wie an einem Donnerstag nach der Schule: von niemandem beachtet und dennoch in der tröstlichen Gewissheit, dass irgendwo anders etwas Gutes für mich getan wird. Ich glaube, auf der Bandbreite der menschlichen Emotionen ist das eines meiner Lieblingsgefühle.

Folgendes war passiert: Sie hatten eine Collage aus vielen verschiedenen Fotos gebastelt und auf Pappen geklebt, die später unten im Gartenzimmer, nach meinem Dafürhalten das Epizentrum des großen Tags, aufgehängt werden sollten. Die Fotos waren nicht sonderlich alt, mit anderen Worten stammten sie aus den frühen neunziger Jahren des zwanzigsten Jahrhunderts, als meine Vermieterin und ihre Schwester das Land erworben und die anspruchsvolle Aufgabe in Angriff genommen hatten, den siechen Immobilien und ungepflegten Gärten neues Leben einzuhauchen. Höchstwahrscheinlich waren einige der Fotos am selben Tag entstanden, andere ein paar Monate und wieder andere erst Jahre später, so muss es gewesen sein, denn man sieht beachtliche Veränderungen; anhand der Bilder lässt sich nachvollziehen, was früher hier war und wozu es wurde. Wozu es wurde, ist übrigens nicht das, was es heute ist, und was es heute ist, ist anders als das, was es früher war. Meine Vermieterin steht im Schlamm. Davon gab es hier seinerzeit mehr als genug. Ich erwähne das, weil ich solch einen Schlamm zuvor noch nie gesehen hatte – üppig und reichhaltig, fast wie erstarrte Lava, als könnte er jeden Augenblick aufbrechen und ein feuriges Ungeheuer ausstoßen oder sich in einen schmelzflüssigen Strudel aus dunkel funkelndem Wasser verwandeln. Es war faszinierend, und ich habe mich gefragt, wie es gewesen sein musste, täglich durch diesen Schlamm zu waten. Sicher hat sie sich gewaltig gefühlt, wahrhaft riesengroß, was das Leben natürlich nicht unbedingt leichter macht. Sie hat Gummistiefel getragen, und ihr volles blondes Haar war sehr hell, ganz im Gegensatz zu der umgewühlten Erde ringsum. Hinter ihr ist die von Flechten und Moos marmorierte Fassade des Cottages zu sehen, in dem ich jetzt wohne.

Die Vorstellung, dass irgendwo jemand etwas Gutes für mich tut, zum Beispiel ein paniertes Fischfilet in den vorgeheizten Umluftbackofen schiebt, löste sich auf, sobald die Sonne aus dem Zimmer verschwand; die gewöhnliche Ordnung der Dinge stellte sich in unbarmherziger Schroffheit wieder ein, und da nichts in meiner unmittelbaren Umgebung mir gehörte, fühlte ich mich plötzlich überflüssig und gelangweilt. Ich war allein und hatte es trotzdem geschafft, unhöflich lange zu bleiben. Ich erhob mich, wer weiß, vielleicht wurde es schon dunkel, vielleicht begegnete ich auf der Treppe meiner Nachbarin und wünschte ihr eine gute Nacht. Wahrscheinlich musste ich den Haustürschlüssel suchen. Ich kramte nach dem Schlüssel und schloss die Haustür auf. Wahrscheinlich bin ich hineinmarschiert, direkt in die Küche, um mich von dem ausgebeulten, mit auserlesenen Vorräten gefüllten Rucksack abzuschirren und ihn auf die kalten grünen Kacheln der Arbeitsplatte zu setzen, wo sein Inhalt sich verschob, obwohl der doch in Kürze ausgepackt und weggeräumt werden würde. Vermutlich habe ich zunächst den Käse herausgesucht, eingeklemmt zwischen zwei Portionen Schinken, und zwei Scheiben sofort gegessen, was mich vorübergehend von allen dringenden Pflichten entband. Ich schaute eine Weile aus dem Fenster und ließ mich zu keinen weiteren Tätigkeiten herab, nichts da draußen hätte mich dazu bewegen können. Auf keinen Fall. Womöglich habe ich, käsegestärkt und wieder in der Spur, den Kassenzettel auf den kalten grünen Kacheln glatt gestrichen und mich über die Auflistung der Delikatessen gewundert, als hätte sie mit den direkt daneben aufgetürmten Einkäufen nichts zu tun. Sehr gut, habe ich mir wohl gesagt. Gut gemacht, alles in allem. Schulterklopf. Gottlob. Und weiter ging's, und zwischendurch immer mal wieder ein stärkendes Stückchen Käse, und zum Schluss senkte sich wieder die Stille auf alle Oberflächen und Kacheln und Deckel und Griffe.

Einige Tage vor dem großen Tag erschien ein Dixi-Klo, vom Küchenfenster aus gesehen links neben dem Schuppen. Selbstverständlich hing kurze Zeit später ein Schild mit der Aufschrift WC daran. Ich hatte es nicht kommen sehen, will meinen, ich war nicht zu Hause, als es angeliefert wurde. Man hatte mich jedoch über seine Notwendigkeit informiert, sodass ich nicht wirklich überrascht war, als ich eines Morgens aus dem Fenster blickte und neben dem Schuppen ein Dixi-Klo entdeckte. Ein weiterer, appetitlicherer Hinweis auf das Nahen des großen Tages war eine kleine, aber feine Auswahl an Speisen auf einer bunt beschriebenen Schiefertafel, die neben dem Küchenfenster des Haupthauses lehnte und somit für alle – natürlich erst nach ihrer Ankunft – gut sichtbar war. Zwangsläufig wurde viel hin und her gelaufen, sodass ich besonders im Bad und oben im Bett den Kies knirschen hörte, tagelang, vom frühen Morgen bis in den späten Abend. Weil ich mich der ganzen Veranstaltung gegenüber eher skeptisch gezeigt hatte, war niemand auf die Idee gekommen, mich für die verschiedenen Vorbereitungen einzuspannen, was für alle Beteiligten ein Segen war; nichts verschafft mir schneller einen klaren Kopf als mangelnder Enthusiasmus für ein bestimmtes Projekt. Wahrscheinlich hätte ich starre Vorstellungen vom Ablauf des Tages gehabt und alles an mich gerissen. In der Zeit vor der Ankunft des Dixi-Klos schwappten meine Gedanken hin und her und konnten sich einfach nicht darauf festlegen, ob ich am großen Tag nun da sein würde oder nicht. Aber alles Zaudern fand ein jähes Ende, als das

Dixi-Klo aufgestellt wurde, denn von da an sah ich, wann immer ich aus dem Fenster schaute, einen Verbündeten, einen Alliierten in Sachen Entscheidungsfindung, und folglich fühlte ich für die maschinengeformte, stoische Plastikmasse nichts als Dankbarkeit. Cooles Klo!, rief ich auf dem Weg zu den Mülltonnen einem meiner gebeugten Nachbarn zu. Mein Fehlen würde ohnehin kaum bemerkt, denn schließlich war der Tag nicht nur hier groß; überall wurden alle möglichen Veranstaltungen geplant, damit alle möglichen Leute das kulturelle Leben ihres jeweiligen Landstrichs entdecken und daran teilhaben konnten. Und weil ich an Kultur interessiert war, wäre es nur plausibel, dass ich unter enormem Entscheidungsdruck stand und anderswo eine spannende Palette würdiger Projekte bereits auf mich wartete.

Übrigens ist die Sprache, in der ich schreibe, genau genommen nicht meine Muttersprache. Welche meine Muttersprache ist, habe ich noch nicht herausfinden können, aber bis dahin behelfe ich mir mit dieser. Ehrlich gesagt habe ich mich schon darauf eingestellt, dass sich an diesem Provisorium nichts mehr ändern wird; bedauerlicherweise scheint meine Muttersprache sich gar nicht aufschreiben zu lassen. Ich bin mir nicht einmal sicher, ob sie sich überhaupt äußern ließe. Ich glaube, sie muss bleiben, wo sie ist, in der dehnbaren

Dunkelheit zwischen meinen glitschigen Organen, wo sie leise Gestalt annimmt.

Auf den Fotos sieht es aus, als wäre mein Cottage zu einer Seite hin offen. Zur anderen Seite hin mochte es ebenfalls offen gewesen sein, aber da alle Fotos aus mehr oder weniger derselben Perspektive aufgenommen wurden, lässt sich der Ausgangszustand nur des einen Endes ermitteln. Und was der dunkle Fleck zu bedeuten hat, weiß ich immer noch nicht genau; zurückzublättern und sich die Fotos noch einmal anzusehen, half auch nicht weiter. Es ist nicht besonders wichtig, denn eins ist eindeutig: Als meine Vermieterin hier ankam, war mein Haus bloß ein Steinhaufen mit eingesacktem Blechdach. In Wahrheit hatte ich immer von den Fotos und allem anderen gewusst, seit meinem Einzug schon, ich glaube, anfangs hatte ich sogar so etwas gesagt wie: Ja, natürlich würde ich mir gern ein paar Fotos ansehen und mehr über die Geschichte dieses Ortes erfahren. Ich hatte es ehrlich gemeint, war bei meinem Einzug sogar ganz versessen darauf gewesen, ein paar Fotos zu sehen und mehr über die Geschichte des Ortes zu erfahren. Aber letztendlich habe ich das Angebot nie wahrgenommen; ich wollte wirklich, aber dann habe ich es immer wieder vergessen. Manchmal unterhielten meine Vermieterin und ich uns ausgiebig über alles Mögliche, und danach wurde mir klar, dass ich wieder einmal vergessen hatte, um die Fotos und die alten Dokumente zu bitten. Nach ein paar Monaten musste ich mir eingestehen, dass es einen einfachen Grund dafür gab, die Frage nach den Fotos und den alten Dokumenten immer wieder zu vergessen: Ich wollte sie gar nicht mehr sehen. Irgendwann war der passende Moment verstrichen, genau genommen sogar ziemlich bald. Als ich dann später von dem großen Tag, und was er mit sich bringen würde, erfuhr, war ich zutiefst beunruhigt und sogar ein bisschen wütend. Warum, dachte ich empört, kramen sie das alles wieder hervor? Ich war richtiggehend empört. Was sollte das? Ich verstehe die Vergangenheit nicht, und genauso wenig verstehe ich, wie über die Vergangenheit gedacht wird. Ich weiß nicht, warum es so ist, aber es macht mich rasend, wenn über die Vergangenheit nachgedacht und sie gegenwärtig gemacht wird. Meiner Ansicht nach ist nichts dümmer als erzwungenes Erinnern. Dann wiederum bin ich viel allein, und wie ich bereits schrieb, fällt es mir schwer, Entfernungen richtig einzuschätzen. Vielleicht kann ich mir deshalb keine konkrete Vorstellung von der Vergangenheit machen. Ich hatte, wenn man es genau wissen will, einfach keine Ahnung, wie ich auf den großen Tag reagieren sollte, zudem fand ich es merkwürdig, sich einer

Sache, die doch immer noch existiert, auf diese Weise nähern zu wollen. Vielleicht wird nun verständlich, warum ich dem großen Tag mit Verdruss und einer gewissen Entrüstung entgegensah.

An dem Morgen, als alles anfing, kam die Schwester meiner Vermieterin herüber – ich zog gerade die Spanngurte an meinem Gepäckträger stramm – und erklärte mir fröhlich, mein Haus sei dem Hang geradezu entrissen worden. Wussten Sie das?, fragte sie. Eigentlich nicht, sagte ich. Was der Wahrheit entsprach, ich hatte es eigentlich nicht gewusst, obwohl ich es natürlich doch irgendwie gewusst hatte. Sie stieg zufrieden in ihr Auto und schnurrte davon, ich schaute ihr gedankenverloren nach. Die Spanngurte an meinem Gepäckträger waren jetzt ordentlich straff. Ich kehrte ins Haus zurück und hielt einen sauberen Putzschwamm unter heißes Wasser, länger als nötig, weil der starke Strahl meinen von den Spanngurten gequetschten Fingern guttat. Dann drückte ich den Schwamm locker aus, ging nach oben und wischte einen kreisrunden Marmeladenklumpen vom Bettlaken. Hätte ich das getan, gleich nachdem die Marmelade aufs Laken gekleckst war, hätte der Fleck sich vielleicht entfernen lassen. Nun nicht mehr. Der warme Schwamm löste die klebrige Masse ab, und zurück blieb ein dunkler Fleck, der mich aber kein bisschen störte. Als ich ihn betrachtete, fiel mir sogar auf, dass Vogelscheiße eigentlich nichts anderes ist als Marmelade mit weißen Schlieren. Die Einsicht war weder wichtig noch einleuchtend, aber der Gedanke an aschfahle Professoren, die zähflüssige Fäden aus Vogelscheiße auf dünne Toastscheiben streichen, stimmte mich fröhlich. Sie klemmen sich den Toast zwischen ihre spindeldürren, wachsbleichen Finger und halten ihn natürlich immer ein wenig höher als eigentlich nötig. Ehrlich gesagt kann ich ein bisschen Aufmunterung dringend gebrauchen, denn obwohl ich es wusste, hatte ich nicht hören wollen, dass mein Haus einem Abhang entrissen worden war. Die Wortwahl erschien mir äußerst grobschlächtig, und wann immer ich daran zurückdenke, sehe ich ein feucht schimmerndes, schlaksiges Kalb, das aus dem bebenden Hinterteil seiner benommenen Mutter gezerrt wird.

Die großen Veränderungen haben mich ehrlich gesagt kein bisschen interessiert. Es waren die kleinen Konstanten, die mich faszinierten. Zum Beispiel sind fast alle Steine des Hauses von ähnlicher Form und gleicher Größe. Natürlich ist keiner mit dem anderen identisch, doch insgesamt ergibt sich der Eindruck von Ordnung und Beständigkeit. An der Rückseite des Hauses jedoch, ganz oben links, findet sich eine unpassend dichte Anordnung von wesentlich kleineren Steinen. Obwohl die strukturelle Abweichung nicht ganz zum Makel gereicht, hat sie etwas Widerspenstiges, und ich weiß noch, dass ich, als ich an einem Junimorgen von der Wäscheleine zurückkam und die Anomalie zum ersten Mal bemerkte, wie angewurzelt stehen blieb. Alle anderen Steine erfüllen stumm ihren Zweck, wohingegen diese faszinierende Konstellation mir anscheinend etwas sagen möchte – etwas, das ich immer noch nicht ganz verstanden habe, dessen ziellos verstrahlte Intensität mich aber dennoch durchdringt. Und natürlich habe ich die Stelle, als ich mir die Fotografien aus den Neunzigern anschaute, sofort entdeckt, sie erschien vielleicht ein wenig dunkler, doch sie war ganz eindeutig zu erkennen, und ich war, auch wenn das jetzt merkwürdig klingt, ziemlich verstört. Offenbar hatte ich nicht damit gerechnet. Ich hatte nicht erwartet, sie auf einem Foto zu sehen. Die Stelle war fremdartig und furchteinflößend, als führte sie ein Eigenleben. Als wären Gesichter darin gefangen.

Und dann, nur zwei Tage vor dem großen Tag, lief ich in der Stadt einem Mann in die Arme, der mit einer meiner Nachbarinnen liiert ist. Sie finden keinen Redner, sagte er. Wer?, fragte ich. Die Frauen, sagte er. Ach, sagte ich, ich dachte, die Schwester der Vermieterin würde eine Rede halten? Das wollte sie auch, antwortete er, aber sie hat es sich anders überlegt. Sie möchte nicht mehr. Schade, sagte ich. Sie könnten das doch bestimmt sehr gut, sagte er. Ich werde keine Rede halten, antwortete ich. Sie wären super, sagte er, Sie kennen sich mit so was aus. Nein, eigentlich nicht, sagte ich, das stimmt so nicht. Außerdem, fügte ich hinzu, habe ich nichts damit zu tun. Oh, sagte er, Sie werden beim großen Tag nicht dabei sein? Ich glaube nicht, sagte ich, es gibt alle möglichen Veranstaltungen, und ich muss woandershin.

Übrigens liebe ich die deutsche Sprache, ganz ehrlich, ich liebe ihren Klang; dieser Klang lässt mich alles überwinden. Ich durchschaue alles und bewältige alles. Ich fühle mich darin aufgehoben und muss mich in nichts vertiefen. Kein bisschen. Alles versteht sich mehr oder weniger von selbst. Jawohl: Wenn ich Deutsch höre, kann ich ganz für mich bleiben, ganz im Verborgenen – wenn ich Deutsch höre, kann ich, und ich meine das ernst, jedes einzelne meiner Geheimnisse fühlen. Die Wörter sind wie polierte Erbstücke – Smaragde, Opale und japanische Süßwasserperlen. Berlin macht es einem ja bekanntlich nicht gerade leicht. Wenn man von Berlin etwas will, muss man sich ins Zeug legen und sich so lange an seinen rutschigen Mauern abmühen, bis man Halt findet. Plötzlich fällt mir wieder ein, wie schön und aufregend es ist, einem anderen plötzlich und grundlos eine Weile die kalte Schulter zu zeigen. Das gilt gewiss als charakterstark –

mein Gott, was ist erregender als unbegründete Herablassung?

Die Steine sind natürlich nicht einheitlich, hier und dort stehen Kiesel in filigranen Arrangements zusammen und erinnern an kleinere, schwächere Konstellationen, wie man sie an klaren, mondlosen Nächten am Himmel sehen kann. So würde ich meine Rede beginnen. In der Tat, würde ich sagen, die kleineren Steine ziehen den Blick auf sich, wie die kleineren Konstellationen den Hobbyastronomen bezaubern, vielleicht sogar aus denselben Gründen: Sie sind Ausdruck einer rebellischen Kraft, die sie zwar nicht in sich tragen, aber heiter zur Schau stellen. Diese blinzelnden Ableger, würde ich fortfahren, liegen zwischen den anderen Steinen und Sternen, ohne wirklich dazuzugehören, und damit würde ich mich meinem eigentlichen Thema zuwenden: Warum derlei Abweichungen am weltweiten Himmel vorkommen, ist ein vollendetes Rätsel; das Staunen über das stellare Ränkespiel hat zwangsläufig etwas Abstraktes. Es ist also ganz normal, mit einem unerklärlichen Gefühl der Zufriedenheit ins Haus zurückzukehren und sich abermals der unterbrochenen Tätigkeit zuzuwenden – zumindest ist das weniger verunsichernd als der Gedanke an kontrolliert gesprengten Granit, der an einem einzigen Nachmittag von zwei bloßen Händen neu zusammengesetzt wurde. Wieder und wieder kehrt der Blick dorthin zurück: diese seltsamen Zähne, diese schwermütigen Gefangenen, diese bunte Ikonoklastenschar, diese alten Weiber, alles eingefasst im Fundament der mächtigen, soliden Mauern. Und ganz intuitiv begreift man, dass kein Mensch ein Ding erschaffen kann, das nicht das erste Zucken eines kosmischen Aufruhrs widerspiegelt. Gleichwohl wäre es eine Binse zu behaupten, jedes Monument sei genau aus dem gemacht, was irgendwann seinen Sturz verursachen wird. Aber wer weiß – vielleicht spielt sich die Revolte ja allein in meinem Kopf ab. Meine Gedanken sind ebenso schwer zu durchdringen wie die immer neuen Schichten aus Putz und Kalkmilch, mit denen man die Folgen der bockigen Erdbewegung zu übertünchen versucht. Pause. Natürlich tun sich auch Lücken auf. Hier und da. Hier und da gibt es Lücken. Letztendlich ist es fast unmöglich, sich ganz und gar abzudichten.

Und dann würde ich mich tief verbeugen, um das Hochgefühl zu verbergen, das in dem Moment wahrscheinlich aus mir herausbrechen würde. Ich würde mich aufrichten, eine kompetente, feierliche Miene aufsetzen und mit einem einzigen, stolzen Schritt blitzschnell abgehen. Auf dem Rückweg zu meinem Cottage würde ich aus den Augenwinkeln wahrscheinlich einen dahergelaufenen Vagabunden in Samtjacke sehen, der zum wiederholten Mal von außen gegen das Dixi-Klo pinkelt. Natürlich sah ich nichts dergleichen: Ich habe woanders übernachtet und bin erst am nächsten Vormittag zurückgekehrt. Niemand war mehr da, die Frauen waren verreist. Die in die Bäume gehängten Luftballons wurden klein und kalt, das Dixi-Klo blieb noch fast eine Woche stehen. Sobald es abgeholt worden war, suchte ich eine Schere und schnitt die kleinen, kalten Ballons herunter. Die Wimpel durften bleiben, sie flatterten so hübsch im Wind, und das Schild neben dem Teich ignorierte ich eine ganze Weile, weil ich vermutete, dass meine Vermieterin und ihre Schwester nach ihrer Rückkehr noch etwas damit vorhatten. Was genau, wusste ich nicht; vielleicht würden sie es übermalen und anderweitig verwenden; doch dann kehrten sie zurück und verwendeten es für gar nichts, sodass es noch lange neben dem Teich stehen blieb. Eines Nachmittags, ich war gerade auf dem Weg zur Biotonne, hielt ich inne, stellte die Schüssel mit den Kartoffelschalen auf einem Stein ab und ging zum Schild hinüber. An den Kanten klebten Nacktschnecken, und ein paar Asseln sah ich auch. Das Schild war vollkommen durchweicht, das Sperrholz löste sich auf. Teich. Ich zog das Schild vorsichtig aus der Erde, trug es zu einem Baumstamm, der über und über mit Efeu überwuchert war, und schob es mit ruckartigen Bewegungen zwischen Rinde und Ranken. Es wird den Teich auf jeden Fall überdauern, schließlich ist er nicht besonders tief. Ich hatte Teiche immer für unendlich tief gehalten. Doch eines Tages war ich zum Teich gegangen, weil ich dringend einen kostbaren, aber kaputten Gegenstand loswerden musste. Ich warf ihn ins Wasser, wo er allerdings nicht in endlose Tiefen versank. Er bohrte sich in den Schlamm und war zu meinem Entsetzen immer noch zu sehen. Binnen Sekunden hatten sich viele, sehr kleine Fusseln zusammengeschart, einige davon wohl Lebewesen, die langsam die glatten Kanten umschwebten.

Wunschdenken

Tappt hinauf, tastet unter der Ottomane, findet grüne Flip-Flops. Richtet sich auf, beäugt das Bett. Denkt, hmm, schicke Foxford-Wolldecke, Zierkissen, weiche Nackenrolle, ein wenig Lochstickerei und so weiter. Habe ich eigentlich schon gefrühstückt? Wirft einen Blick über das Treppengeländer. Sieht leere Schüssel und benutzten Löffel auf dem Schreibtisch. Daneben eine Flasche Hawaiian Tropic, LSF 15. Denkt:

Das war vielleicht an einem anderen Tag.

Um kurz vor sieben

Gleich als Erstes fegte ich die Feuerstelle aus. Als ich das Kehrblech schräg hielt, um die Asche in den darunterstehenden Eimer zu kippen, wurde ich von einer Beobachtung abgelenkt, die aus der Ferne lustig schien, in Wahrheit aber zutiefst beunruhigend war: Wenn ich nicht betrunken bin, kann ich mich kaum für das andere Geschlecht begeistern. Mir wurde schnell bewusst, dass diese scheinbar beiläufige Erkenntnis keineswegs an einen vorübergehenden Moment unbeschwerter Selbstironie geknüpft war. Und noch während sie sich zunehmend verfestigte, ergriffen mich Entsetzen und ungläubiges Staunen darüber, wie eine so wichtige Einsicht mir so lange Zeit verborgen bleiben konnte. Immerhin war sie nicht auf einzelne Ausnahmephasen beschränkt, sondern betraf praktisch mein gesamtes Liebesleben. Gleichzeitig musste ich zugeben, dass ich bis vor kurzem mehr oder weniger ständig betrunken gewesen war. Was zum einen bedeutete, dass sich für die Erleuchtung, die ich gerade erlebte, gar keine Gelegenheit zum Durchbruch hätte ergeben können, und zum anderen nahelegte, dass ich höchstwahrscheinlich in schöner Regelmäßigkeit irgendwelchen unwiderstehlichen, aber letztendlich trügerischen Anziehungskräften erlag. Der Gedanke war so befremdlich und zwingend, dass ich ihn eine Zeit lang verdrängen und stattdessen den Boden fegen musste. Als ich mich ihm nach einer Weile abermals zuwendete, stellte ich fest, dass er plötzlich platt und vollkommen harmlos erschien, wie eine dieser drolligen Sprechblasen, die man auf nachcolorierten Postkarten mit übermütigen Hausfrauen in weiten, exotischen, grün gemusterten Stoffhosen findet. Er hat nichts zu bedeuten, dachte ich, du wirst jetzt einfach den Haushalt erledigen und den Tag genießen und nicht weiter darüber nachdenken. Nun, dieser Vorschlag wäre, hätte ich mein Verhalten grundlegend geändert, durchaus angemessen und vernünftig gewesen und leicht umsetzbar noch dazu; doch in Wahrheit hat sich nichts geändert. Eigentlich konnte ich es mir guten Gewissens nicht leisten, diesen Gedanken weiterhin zu verdrängen.

Dennoch verstrichen Wochen, bevor ich mich wieder damit beschäftigte. Ehrlich gesagt traf ich mich in diesen Wochen gelegentlich mit einem Mann, wechselweise in betrunkenem und nüchternem Zustand.

Wenn ich über diese Zeit nachdenke, muss ich zugeben, dass die Beziehung zu diesem Mann insgesamt viel besser lief, wenn ich etwas Alkohol konsumiert hatte. Doch irgendwann konnte ich die unangenehmen Nebenwirkungen des Erkenntnisblitzes keinen Moment länger ignorieren, und so nahm ich mir an einem besonders unfreundlichen Nachmittag die nötige Zeit, in aller Ruhe und ohne jede Leidenschaft über sie nachzudenken, auch wenn meine kühle Gelassenheit meine Neugier schnell wieder plattmachte und gleichzeitig nichts zutage förderte, was sie neu entfacht hätte. Die Erkenntnis kreiste pausenlos in meinem Kopf, wie eine erschreckende, aber uninteressante Diagnose, und schon nach kurzer Zeit verließ ich meinen mir selbst zugewiesenen Platz am Kaminfeuer, um vors Haus zu gehen, eine selbst gedrehte Zigarette zu rauchen und die vielen schönen Einzelheiten nacheinander auf mich wirken zu lassen. Und dann, noch während ich zuschaute, wie die Äste der Birke vom Wind geschüttelt wurden und hier und da ein paar kleine Vögel herausfielen, kam mir ein neuer Gedanke von solcher Strahlkraft, dass ich schier überwältigt war. Nicht Verblendung oder Wankelmut waren der Auslöser gewesen, sondern jenes gefestigte Wissen, das sich typischerweise einstellt, wenn die souveräne Federführung des Unbewussten durch einen halbherzigen, langwierigen analytischen Prozess behindert und sabotiert wird. Folglich verblasste der leuchtende Glanz der Erkenntnis, und ich war schon bald wieder in der Lage, die Bäume zu betrachten und dabei dem neuen Gedanken einen besonderen, aber dennoch begrenzten Platz in meinem Kopf einzuräumen. Ohne Panik oder Not – beides wäre sehr wohl angebracht gewesen – näherte ich mich also seinem Kern und blickte in aller Gefasstheit der beängstigenden Möglichkeit ins Auge, dass ich vielleicht deswegen so oft so viel getrunken hatte, weil ich das Gefühl genoss, von einem Mann begeistert zu sein. Und weil diese von mir so genossene Begeisterung sich anderweitig nicht erzeugen ließ, war ich gewissermaßen gezwungen gewesen, mich regelmäßig zu betrinken.

Diese luftige Einsicht erschien mir in mehr als einer Hinsicht beunruhigender als die bedrückende Beobachtung, aus der sie erwachsen war. Ich versuchte, ihr etwas Belustigendes abzugewinnen, musste mich aber schon bald geschlagen geben. Um den ganzen Ernst meiner Lage zu vermitteln, sollte ich an dieser Stelle vielleicht eine längst überfällige Unterscheidung treffen: Mir ging es nicht darum, jene oberflächlichen Hemmungen abzulegen, die einen davon abhalten, die Gegenwart von Männern entspannt zu genießen. Normalerweise habe ich derlei Hemmungen nicht, im Gegenteil, ich wurde ehrlich gesagt schon öfter – nicht immer taktvoll oder zu Recht – darauf hingewiesen, es bekäme mir gut, mir ein klein wenig mehr Zurückhaltung aufzuerlegen, ob betrunken oder nicht. Denn egal, wie großartig man sich auch fühlen mag: Alkohol ist kein zuverlässiges Hilfsmittel, die charmanteren Aspekte der eigenen Persönlichkeit in die Öffentlichkeit zu befördern. Mir fehlt es, und das möchte ich hier noch einmal klarstellen, während gepflegter Besäufnisse nicht an Selbstbewusstsein oder dem Willen zur Geselligkeit, sondern an raffinierteren sozialen Werkzeugen. Ich würde gerne die Fähigkeit besitzen, nicht alles Gesagte sofort auf die Goldwaage zu legen, nicht in Bestürzung oder gestotterte Ausflüchte zu verfallen, mich an jemandes Lippen zu hängen. Ein maßgeschneiderter, mannsgroßer Filter beispielsweise wäre gut, eine Reihe von perfekt platzierten blinden Flecken, ein anhaltendes, wohltuendes Piepen in den Ohren oder ein träges Kulminieren glückselig verzerrter Wahrnehmungen – irgendein Hilfsmittel, über das man in rauen Mengen verfügen können muss, um einigermaßen elegant von kritischem Desinteresse in stumpfes Anschmachten zu verfallen. Um der gewohnten Unruhe Gelegenheit zu geben, sich in eine herrlich unangemessene, dumme Verliebtheit zu verwandeln.

Vielleicht hat es den Anschein, als wäre dieses

Problem eher nebensächlich und darüber hinaus abhängig vom jeweiligen Gegenüber; als könnte ich es mühelos umschiffen, indem ich beschließe, meine Zeit ausschließlich mit Männern zu verbringen, die einen angenehmen und interessanten Charakter vorweisen können. Obwohl es zweifellos sehr verlockend wäre, die Schuld von mir zu weisen, würde ich einen unzulässig verzerrten Eindruck von meinen Bekanntschaften vermitteln, wollte ich behaupten, ein solcher Mann wäre mir nie begegnet. Ich werde weder mich noch irgendwen sonst in die Irre führen und deswegen keinesfalls behaupten, ich hätte niemals aufmerksame, originelle und spannende Männer kennengelernt. Ganz im Gegenteil, ich hatte das große Glück, mit den skurrilsten Vertretern ihrer Art Händchen zu halten. Trotzdem – wie bringe ich diese beglückenden und ermutigenden Erfahrungen mit der weiter oben gemachten Aussage in Einklang, dass ich die Annäherungsversuche dieser außergewöhnlichen Männer nur ertragen konnte, wenn ich ein bestimmtes Maß an Berauschtheit erreicht hatte?

Derlei Überlegungen fielen mich im Laufe mehrerer Nachmittage mit ungemütlichem Wetter und windgepeitschten Bäumen an und wieder von mir ab. Vormittags war ich anderweitig beschäftigt, abends saß ich gelegentlich mit einem Mann zusammen und trank und kam ihm näher, oder ich trank nicht und wurde unruhig. Und so weiter. Im Grunde schaffe ich es wohl einfach nicht, vernünftigen Gebrauch von ihnen zu machen oder ihnen einen klaren Zweck zuzuschreiben. Zu diesem Schluss bin ich gekommen, und in der Tat wurde ich mehr als einmal darauf hingewiesen – nicht immer ohne Wut oder Verzweiflung –, ich täte gut daran, konventionellere Ansprüche zu stellen. Was mich, wie ich sagen muss, immer sehr getroffen hat, schließlich war ich manchmal tatsächlich verrückt vor Liebe; aber anscheinend ist das nicht dasselbe. Was genau soll man denn machen? Kuscheln? Kuscheln vielleicht? Kuscheln! Da stehen sie, diese furchteinflößenden, vertrauten Wesen. Sie stehen um kurz vor sieben vor der Tür und haben etwas dabei. Eine Flasche Wein. Einen Blumenstrauß. So was in der Art. Und ich höre sie kommen. Ich kann den Kies knirschen hören, und sobald ich den Kies knirschen höre, gehe ich in ein anderes Zimmer – in die Küche, ins Bad, manchmal sogar nach oben. Ich höre den Kies knirschen und den Türhaken fallen, und wie die Tür aufgeschoben wird, und dann, nach einer gewissen Pause, höre ich ein paar zögerliche Schritte auf dem Steinboden. Weil das furchtbare, vertraute Wesen hereinkommt.

Nein, ich bin nicht da, ich bin nie da, um ihn zu

begrüßen. Was sieht er, wenn er unten steht und wartet? Das frage ich mich. Was geht ihm durch den Kopf? Er ruft nicht sofort nach mir, deshalb muss ich glauben, dass er sich irgendetwas ansieht, und oft wird das Gefühl, er könnte sich etwas ansehen, so unerträglich, dass ich mit krummen Schultern und auf Zehenspitzen mein Versteck verlasse. Ich komme die Treppe herunter oder trete aus einem der angrenzenden Zimmer, und immer halte ich etwas in der Hand, ein Handtuch beispielsweise. Ein Handtuch, eine ungelesene Zeitung, Wäsche, ein Glas. Als schleppte ich Gegenstände aus einer anderen Welt an. Und damit nicht genug: Ich gehe an ihm vorbei und verschwinde im nächsten Zimmer, als wäre der Gegenstand in meiner Hand heilig und müsste dringend woanders hin.

Meine häusliche Geschäftigkeit wird immer als Zeichen gedeutet; sie wagen sich ein wenig näher heran und stellen die Tasche mit den mitgebrachten Sachen auf einen Stuhl. Von der Küche aus kann ich alles hören; fast immer verschlägt es mich in die Küche. Ich betrachte das Geschirr und die Messer im Block, die Arbeitsplatte darunter, ich lausche. Und lausche. Ich stehe an der Spüle in der Küche, und ein Teil von mir schwindet dahin, ich kann nicht genau sagen, warum. Ich fühle mich unendlich schwach, aber ich schaue nicht in den Spiegel, nichts dergleichen; ich stehe eine

Weile nur so da, mit dem Rücken zur Tür, lege meine spitz zulaufenden Hände nebeneinander auf die Arbeitsplatte und drücke sie nieder. Ich stütze mich hochkonzentriert auf und versuche, an Dichte zu gewinnen. Ich gehe zur Tür. Oder ans Fenster. Ich gehe zur Haustür und schließe sie. Und dann trete ich an den Kamin; manchmal lege ich beide Hände an den Eichenbalken, und dann erst drehe ich mich um, endlich.

Aber nein, so ist es nicht. Ich meine, dass ich mich umgedreht habe, in Wahrheit habe ich mich nur verdreht. Ein Teil von mir wendet sich ihm zu, ein anderer bleibt abgewandt. Doch die Geste ist angemessen, sie reicht aus, den Anschein eines vollständigen Umdrehens zu erwecken; ich schütze vor, interessiert zu sein, keinen Widerstand zu leisten, die Unterhaltung vielleicht sogar zu genießen. Zu mehr fehlt mir der Mut. Ich möchte nicht riskieren, mich ganz umzudrehen und möglicherweise etwas Banalem gegenüberzustehen. Das könnte ich nicht ertragen, da verdrehe ich mich lieber. Und dann greife ich zum Glas und trinke. Ich trinke, weil ich ... was? Mich locker machen will? Wäre das nicht vollkommen normal? Handelt es sich dabei nicht um das sprichwörtliche Entspannen? Nein, nein, auch das ist es nicht. Es liegt am Ort, genau genommen am Gefühl, verortet zu sein; gegen diesen Eindruck muss ich mich wehren, ich muss ihn zerstreuen. Ich möchte die Mauern beiseiteschieben und den Steinboden zu Sand zerreiben. Drinnen sage ich die albernsten, rücksichtslosesten Sachen. Wände, Böden und Decken pressen mir den ätzendsten Unsinn ab. Ich werde defensiv, kritisch, renitent und kühl. Wirklich unmöglich! Nein, manchmal gehören Männer und Frauen einfach nur ins Freie.

Wir täten besser daran, schweigend übereinanderzuliegen, an einem Fluss oder unter den Wolken oder im hohen Gras – irgendwo, an einem Ort, wo Dinge in Bewegung sind. Oder nicht? Sollten wir nicht irgendwo sein, wo sich etwas bewegt? Ich halte diese trügerische Starre nicht aus. Warum hält man sich, wenn so viel auf dem Spiel steht, in einem Raum ohne Bewegung auf? Da ist Musik, ja, aber selbst die Vorauswahl der Musik wurde von kolossalen Ängsten begleitet – manchmal klingt sie falsch und verzerrt alles, sie wirkt wie Gift und legt mich auf eine eindimensionale und überspannte Rolle fest, genauer gesagt auf die Rolle der ewig verschmähten Wiedergängerin. Das mag grotesk klingen, kommt aber kaum überraschend. Die Männer sitzen ja einfach nur da und warten auf einen günstigen Moment, furchteinflößende und vertraute Wesen, wie es scheint; sie haben keine Ahnung von der Auswahl der Musik, von meinen aufgestützten Händen, von genippter Atemluft und kriechenden Schatten. Absolut gelassen warten sie auf den passenden Augenblick. Auf den Kuss, der alles irgendwie regelt. Und ich muss mich angestrengt bemühen, nichts flehentlich Naives zu sagen wie: Ich wünschte, du könntest fünf Minuten in meiner Haut stecken und den prickelnden Zauber fühlen! Aber solche Vorschläge führen zu gar nichts, schlimmer noch: Sie werden als Drohung aufgefasst. Derlei Drohungen halten diese Wesen sich vom Leib, indem sie überall ihre verschlissenen Vorstellungen von Ruhe und Gemütlichkeit verbreiten. Sie gehen durch dein Zuhause, legen hier und da Gegenstände ab und grunzen dabei, als wäre es das Normalste von der Welt. Ihre sanften Belagerungsversuche darf man auf gar keinen Fall ärgerlich und abstoßend finden. Ich komme trotzdem nicht zur Ruhe und trinke weiter. Ich trinke auf dich, ich trinke auf mich. Ich trinke, um den Weg in die Einbahnstraße zu ebnen, und plötzlich gibt das Blut für eine Weile nach und fließt in gewohnten Bahnen, und dann gibt es keine falschen Gesten mehr.

An einen unbekannten Gott

Ein Blatt wehte zum Fenster herein und landete auf dem Wasser direkt zwischen meinen Knien. Ich saß in der Badewanne und schaute hinaus. Das Fenster, ein perfektes Quadrat, hatte ich bis zum Anschlag geöffnet, und weil die Unterkante sich auf einer Höhe mit dem Badewannenrand befand, brauchte ich mich weder vorzubeugen noch zurückzulehnen. Es war, als säße ich mitten in dem Nadelbaum, der in unsichtbare Höhen aufragte. Draußen war ein Gewitter unterwegs, offenbar handelte es sich um ein älteres Gewitter, das die Hügel nach wer weiß wie langer Zeit besuchte. Es zog seine Runden, um irgendwo anzukommen, kam aber nirgendwo an.

Am Anfang war da kaum etwas gewesen, bloß ein Gewitter, nichts Besonderes, nichts, wovon ich nicht schon einmal gehört hatte. Ich ging meinen Beschäftigungen nach, bis mir blitzschnell einfiel, dass ich die Stecker von allen Geräten herausziehen musste, woraufhin fortan kein Licht mehr im Haus brannte.

Eigentlich war es nicht weiter schlimm, denn das, was ich vorhatte, war einfach, auch wenn es in dem Moment meine Vorstellungskraft überstieg. Eigentlich war es nicht weiter wichtig. Ich setzte mich ins Wasser, das schon eine ganze Weile auf mich gewartet hatte und seine Temperatur nicht halten konnte; und dann kam mir die Idee, das Fenster bis zum Anschlag zu öffnen, was mir keinerlei Mühe bereitete, denn der Riegel klemmte nur scheinbar.

Dort in der Badewanne bekam ich mit, wie das Gewitter seine Runden zog, ehrlich gesagt war es nicht zu überhören. Mir wurde sofort klar, dass es alt war und nicht zum ersten Mal in den Hügeln unterwegs – es schien genau zu wissen, wo es sich befand, und seine Bewegungen und Klänge schienen sehr vertraut und sicher. Ja, dachte ich, du kennst diese Hügel, und diese Hügel kennen dich. Nein, das Gewitter tobte nicht einfach, ehrlich gesagt hörte ich keine Spur von Ärger heraus. Es war ziemlich laut und doch sehr fragil, hob ständig neu an und legte sich wieder. Es wusste nicht genau, wo es anfangen sollte, gleichzeitig wirkte es kein bisschen ratlos. Ich schob einen Schwamm aus Schaum in meinen Haaransatz und ließ mich in den Gewitterkörper sinken; ich kannte seinen Aufbau, sah in seine Augen, spürte seine Vergangenheit, fühlte sein Drängen. Es hatte Stil und jede Menge Erfahrung, und nun war es zurückgekommen, wieder einmal.

Es zog seine Runden und versuchte, irgendwo hinzugelangen, kam aber nirgendwo an. Und obwohl die Berge sich nicht rührten, war ihnen das Gewitter nicht egal, ehrlich gesagt fürchteten sie, es könnte abziehen; sie sehnten sich ständig nach dem Gewitter. Als das Gewitter näher kam und der Regen in schrägen Schwallen durch das weit geöffnete Fenster fiel, ließ ich mich tiefer ins milchig trübe Wasser sinken und hielt das Buch noch höher. Das Buch weckte meine Sehnsucht nach Männern, die weit, weit weg waren. Das Gewitter zog sich bis in die Dämmerung; später stand ich im Bademantel am großen Fenster und hielt meine Teetasse mit beiden Händen fest umklammert. Ich wusste genau, was hier vor sich ging. Ich machte die Lampen wieder an und wandte mich endlich meinen Kleidern zu, die griffbereit aufgereiht am japanischen Paravent hingen.

Vor zwei Wochen

Geht die Nebenstraße hoch, hält den Hut – er sagt Kreissäge dazu – in der Hand, sieht erst ein Pferd, dann zwei. Geht weiter. Steigt über das Gatter, springt, wackelige Landung. Riesiges Herz. Der See fängt eine in Auflösung begriffene Regenwolke ein.

Denkt an Dämmerung, Ligusterhecken und ein umstürzendes Bücherregal. Sehnt sich nach etwas. Zieht Hosensaum aus dem Matsch. Zerfranstes Innenfutter rutscht heraus, bleibt an Dornen hängen, reißt. Regenwolke ergießt sich in den See.

Geht Nebenstraße hinunter, hält den Hut – sie sagt Boater dazu – fest in der Hand, sieht das zweite Pferd zuerst. Weiß. Das weiße Pferd hat in der Zwischenzeit gefohlt. Frisches Blut bedeckt die Hinterläufe, eine Nabelschnur baumelt. Daneben schlittert ein schwarzes Fohlen durch den Schlick, winzige Stirn mit heller, warmer Blesse. Herz dehnt sich, Schnur schaukelt.

Nimmt den Hut ab und flüstert etwas. Flüstert es noch einmal. Wirft einen Blick zurück, beneidet den Regenguss, weicht ins hohe Gras aus. Lässt einen Laster vorbei.

Pfannengericht

Habe eben mein Abendessen in den Müll geworfen. Ich wusste schon während des Kochens, dass ich das tun würde, deswegen habe ich alles hineingerührt, was ich nicht mehr sehen will.

Letzte Hand anlegen

Ich glaube, ich werde eine kleine Party veranstalten. Eine sorgsam geplante, aber zwanglose Abendgesellschaft. Schließlich habe ich unheimlich viele Gläser. Und es ist so nett hier, außerdem gibt es jede Menge Sitzgelegenheiten, seit ich die Ottomane heruntergeholt habe. Ehrlich gesagt würde ich, wäre ich auf meine Party eingeladen, unbedingt auf der Ottomane sitzen wollen – ja, genau dort würde ich sitzen. Aber höchstwahrscheinlich würde, weil ich ein wenig später erscheine, jemand anderes auf der Ottomane sitzen, sehr bequem, mit einem vollen Glas in der Hand und ins Gespräch mit einem stehenden Gast vertieft, der ebenfalls ein volles Weinglas in der Hand hält. Vermutlich würde ich mich deswegen zunächst einmal rückwärts an den Tisch lehnen und mich mit gespreizten Fingern abstützen, was auch in Ordnung wäre. Außerdem sind die Gäste ständig in Bewegung. Ich würde mir jedoch auf keinen Fall anmerken lassen, wie gern ich dort auf der Ottomane säße, auf gar keinen Fall würde ich sie geradewegs ansteuern! Nein, ich würde herumbummeln und mich mal hier, mal dort niederlassen, bevor ich es wage, mich der Ottomane zu nähern, und zuletzt, wenn ich endlich darauf sitze, wird es vollkommen natürlich wirken, als wäre ich ganz absichtslos dort gelandet.

Ungeachtet dessen werde und kann ich hier niemals Gast sein, obwohl mir das Haus ehrlich gesagt irgendwie fremd ist, seit ich die Läufer aufgerollt, die Möbel an die Wände geschoben und die Gläser an einen anderen Platz gestellt habe – an zwei Plätze genau genommen, so viele Gläser sind es. Ich habe probehalber hier und dort herumgestanden und mich gefragt, wofür das ganze Umräumen eigentlich gut war. Anscheinend bin ich wild entschlossen, offenbar besitze ich eine sehr genaue Vorstellung davon, wer eingeladen wird und wer nicht. Jetzt, da alle Möbel verschoben wurden und an anderer Stelle stehen, kann ich mir sagen: Noch war niemand hier, keine Menschenseele, ich kann sehr wohl noch etwas verändern, zum zweiten Mal sozusagen – anscheinend bin ich wirklich fest entschlossen, einen Neuanfang zu machen. Ja, ich sollte die Chance beherzt nutzen und eine kleine Party schmeißen. Und auf einmal wird mir vollkommen klar, wen ich einlade und wer nie von meiner Party erfahren wird, frühestens danach, danach wird der eine oder andere der Nichteingeladenen möglicherweise das eine oder andere erfahren.

Und das ist in Ordnung, für mich ist das völlig in Ordnung. Schließlich ist eine Party etwas Wunderbares, nicht nur wegen der anwesenden Personen, sondern auch wegen der abwesenden, die fest mit einer Einladung gerechnet hätten. Zweifelsfrei brauche ich zwischendrin eine Atempause, im Bad höchstwahrscheinlich, wo der ganz ungekünstelt weiche, lebendige Duft der frisch gepflückten Blumen in der Luft hängen wird. Und wo ich recht zufrieden mit mir sein werde, weil ich endlich zur Vernunft gekommen bin und eingesehen habe, dass Menschen, die um jeden Preis in mein Innerstes vordringen wollen, kein guter Umgang für mich sind. Dies ist mein Haus. Ja, es gibt keine Vorhänge, und die Tür steht die halbe Zeit offen. Manchmal kommt der Nachbarhund herein, auch das ist wahr, dazu Fliegen und Bienen und manchmal sogar ein Vogel, aber das heißt noch gar nichts – niemand hat das Recht, einfach hier aufzutauchen und die Nase hereinzustecken! Ich frage mich, ob die Eingeladenen hemmungslos feiern oder in Sichtweite des nächsten Tages bleiben und gegen Mitternacht unvermittelt aufbrechen werden. Ich frage mich auch, ob irgendwer nach dem Anlass der Party fragen wird. Weil Sommer ist, werde ich sagen. Wir haben Sommer, und das Haus ist im Sommer besonders schön, was für jeden Anwesenden leicht nachvollziehbar sein wird. Genau! Weil Sommer ist, werde ich sagen, Problem gelöst.

Ganz bestimmt wird es Martinis und Campari geben, und Champagner, und süffigen Wein aus dem Vinsobres, eine Flasche nach der anderen. Dazu herrlich viel Salat in wunderbar großen Schüsseln. Fenchel, Grapefruit, Walnüsse, Feta und bäuchlings gelandete Blattsalate baden gemeinsam in Essig und Öl. Weil Sommer ist! Ist doch klar. Zweifellos wird der eine oder andere neugierig werden und einen Blick ins Obergeschoss werfen wollen. Womöglich macht mir das gar nichts aus, ich werde niemanden hinaufbegleiten, es sei denn – nein, ich werde niemanden begleiten, egal, wer fragt. Klar, werde ich über die Schulter sagen, geh rauf und sieh dich um. Kein Problem. Und dann, wenn die anderen wieder unten sind und den einen oder anderen Kommentar abgegeben haben, werde ich einen Grund finden, selbst nach oben zu gehen – alles andere wäre nicht auszuhalten –, um mit eigenen Augen zu sehen, was sie gesehen haben.

Ich frage mich, welcher meiner Gäste auf der Ottomane sitzen wird. Wer es unbedingt wissen will: Weder ist mir der Gedanke zufällig gekommen, noch stelle ich mir die Frage im Ernst, denn ehrlich gesagt habe ich eine vage Ahnung, wenn nicht sogar ein klares Bild davon, wer auf der Ottomane sitzen wird. O ja, ein schönes, denkbar klares Bild. Dieses klare Bild könnte sogar älter sein als meine Fantasie, selbst als Gast hier zu sein und möglichst unauffällig auf der Ottomane unter dem Spiegel Platz zu nehmen. Ich würde sogar noch weitergehen und behaupten, dass dieses Bild oder diese Ahnung, welche Person auf der Ottomane sitzen wird, meine Fantasie, es ihr gleichzutun, erst so richtig beflügelt. Wie schlimm wäre es für mich, wenn die mir so klar vor Augen stehende Person sich gar nicht auf die Ottomane setzt, sondern beispielsweise in der Tür lehnt? Wenn sie einfach nur dasteht und eine Hand an den hölzernen Rahmen legt? Wäre es befremdlich, sie darauf hinzuweisen, dass man auf der Ottomane in der Tat sehr bequem sitzt? Natürlich, es wäre mehr als befremdlich, und meine Bekannte – übrigens habe ich nicht einmal die Handynummer dieser Frau – wäre verständlicherweise ein wenig verunsichert, auf eine so unpassend vertrauliche Weise angesprochen zu werden. Ich könnte mir natürlich ein Spiel ausdenken, in dessen Verlauf jeder Gast einem anderen einen bestimmten Sitzplatz zuweisen muss – das wäre eine Lösung – ja, das ist die Lösung –, doch es wäre irgendwie albern. Selbst wenn meine Gäste das Spiel süß und ulkig finden, würde ich wissen, wie albern und unecht es ist und für den Rest des Abends in keinen Spiegel mehr blicken können. Das Ganze könnte am Ende ein wenig zu überladen wirken, aber ich bleibe dennoch gelassen – denn ich bin entschlossen, wirklich fest entschlossen, eine zwanglose, aber sorgsam geplante Party zu geben.

Übrigens habe ich kein Problem damit, die Gäste um einen kleinen Beitrag zu bitten, und dabei gehe ich äußerst zielgerichtet vor. Die Tage, an denen ich mir selbst viel Arbeit auferlegt habe, sind vorbei – das wird überraschen, schließlich überrascht es mich selbst. In dieser Hinsicht kann ich sehr direkt sein, was die Leute in der Tat wertschätzen, denn selbstverständlich haben sie alle wenig Zeit und können es sich folglich nicht leisten, viel Zeit auf die Frage zu verschwenden, was sie zu meiner Party mitbringen könnten. Die Angelegenheit ist äußerst heikel, denn selbst wenn man die Zeit, sich derlei Gedanken zu machen, erübrigen könnte, ist die Wahrheit doch die: Egal, was man sich mitzubringen entschließt, es könnte immer das Falsche sein. Eigentlich ist es praktisch nie das Falsche, aber wer möchte schon auf der Rückbank eines Taxis sitzen, eine mit Alufolie abgedeckte Schüssel auf den Knien halten und sich bange fragen, ob der Schüsselinhalt am Ende für freundlich verborgene Verachtung sorgt? Wer braucht so etwas? Wenn man hingegen konkrete Wünsche äußert, sind die Gäste bei ihrer Ankunft zufrieden und selbstbewusst. Natürlich bringe ich die Wünsche nicht willkürlich vor, ich weiß zum Beispiel genau, wen ich um Käse bitten werde und wen um Brot. Sich zu merken, was ein Mensch am liebsten isst, ist keine hohe Kunst, und logischerweise wird er sich bemühen, eine überzeugende Variante seiner Lieblingsspeise aufzutreiben. Den einen oder anderen Gast bittet man um gar nichts, weil man unabhängig von seinem Geschmack einfach weiß, dass er sich nie sonderlich für das interessiert, was er isst. Im Zweifel würde er mit Frikadellen und Grissini ankommen, schlimmstenfalls auch mit einem Glas entsteinter grüner Oliven; die letzten Gäste machen sich über die Grissini her, und am nächsten Tag ist der Fußboden voller Brotsplitter, beziehungsweise voller pulverisierter Grissini, überall dort nämlich, wo Leute auf den Splittern herumgestanden und sich mit anderen Leuten unterhalten haben, mit denen sie sonst nie reden. Vielleicht haben sie sogar getanzt. Ehrlich gesagt genieße ich es am Tag danach immer sehr, in aller Ruhe die Spuren des Abends zu bereinigen, bis am Ende alles wieder wie vorher ist und am gewohnten Platz steht, wohlerzogen und wachsam.

Wie sich herausstellte, ist er gekommen und sie nicht. Sie konnten wohl keinen Babysitter finden. Er kam mit dem Rad, sein Gesicht war unglaublich rot, was er voll auszukosten schien. Und in der Tat ist es angenehm, so rote Wangen zu haben, aus welchem Grund auch immer. Ich habe vergessen, was er mitgebracht hat, was mich überrascht – ich glaube, es war etwas, das beim Transport nicht verrutschen durfte, denn ich weiß noch, wie er bei seiner Ankunft sofort einen besorgten Blick in seinen Rucksack warf. Es war ein Kuchen, jetzt fällt es mir wieder ein. Genau, er holte einen Apfelkuchen aus seinem Rucksack, und der Kuchen war vollkommen unbeschädigt. Er hatte auch noch einen österreichischen Weißwein in einer auffälligen Flasche dabei, die ich sofort in den Kühlschrank legte und erst viel später öffnete. Der Flaschenhals war wirklich ungewöhnlich. Gegen Ende des Abends legte ich eine Hand daran, er war sehr, möglicherweise sogar zu kalt. Es gab viel Wein, mehr als genug, was mich freute, und mein Freund mit dem Lehrstuhl brachte Bier mit und eine Flasche von meinem Lieblingsgin, womit ich nicht gerechnet hatte und was sehr nett von ihm war, schließlich ist dieser Gin absurd teuer. Ehrlich gesagt brachte jeder etwas Schönes mit. Dann und wann holte ich aufgewärmte Hähnchenflügel aus der Küche, und Fertigpizza, deren Boden so wunderbar dünn war, dass alle sie für selbstgemacht hielten. Alle kannten einander mehr oder weniger gut, ich konnte tun, was ich wollte, und brauchte mir keine Sorgen zu machen, ob Soundso sich gut amüsierte; wann immer ich mich umschaute, stand niemand abseits. Andererseits ist das Haus so klein, dass es quasi unmöglich ist, abseits zu stehen, selbst wenn man sich so fühlt.

Lange Zeit saß ein Mann auf der Ottomane, ich weiß nicht mehr genau, welcher, vielleicht waren es auch mehrere nacheinander. Ich kann mich nur an Stiefel und Jeans erinnern, was meinem klaren Bild natürlich gar nicht entsprach. Ich bin ziemlich oft furchtbar enttäuscht davon, wie die Dinge sich entwickeln, aber das ist normalerweise meine Schuld, aus dem einfachen Grund, dass ich immer zu früh annehme, die Dinge hätten sich bereits entwickelt, wohingegen alles noch im Fluss ist. Ein ganz in der Nähe wohnender Freund muss mich regelmäßig daran erinnern, dass sich ein gewisser Teil der Dinge erst noch zeigen wird. Abgesehen davon war mein Wunsch kurzlebig, er hielt höchstens zwei Wochen an, weniger noch, und hatte ohnehin nur auf eine Bluse abgezielt, die besagte Person einmal getragen hatte – auf einen Blusenkragen, um genau zu sein. Ehrlich gesagt ging es mir nur um ihre Art, den Kopf über dem Blusenkragen zu neigen. Ich konnte dabei ihren Scheitel sehen. Ihr Haar war gescheitelt und zurückgestrichen, sie blätterte in einem sehr dicken Modemagazin. Mit der einen Hand blätterte sie in dem Modemagazin, die andere hatte sie sich ans Kinn gelegt, gleich oberhalb des Kragens. Ich fragte mich, wie es sein mochte, so dort zu stehen und in einem Modemagazin zu blättern. Deshalb war ich auch unglaublich entschlossen, alle Möbel zu verschieben und mir einzureden, nichts sei unmöglich – offenbar habe ich geglaubt, es müsse einfach großartig sein, dort zu stehen, dezente Ohrringe und einen transparenten Kragen zu tragen und in einem Modemagazin zu blättern.

Also wirklich, manchmal habe ich mich wirklich nicht im Griff.

Am nächsten Tag nahm ich mir viel Zeit, alles nach und nach an seinen Platz zurückzustellen. Ich hatte jede Menge Kräcker und Weintrauben übrig, und ein paar ordentliche Käseklumpen. Beim Aufräumen entdeckte ich alles Mögliche, sogar eine kleine Tüte Gummibärchen auf dem Fensterbrett. Übrigens bewahre ich in der Ottomane Bettwäsche auf, einige der Stücke besitze ich seit Jahren.

Kontrollknöpfe

Bei meinem Einzug waren alle drei Kontrollknöpfe des Herdes intakt und funktionstüchtig. Drei Schalter an einem Herd, für die meisten klingt das nach wenig, denn heutzutage besitzt fast niemand – abgesehen davon, dass fast niemand mehr heutzutage sagt – eine sogenannte Miniküche. Wahrscheinlich nur noch Leute, die weiterhin das Wort heutzutage in den Mund nehmen. Der häusliche Atavismus besteht aus zwei Herdplatten, die über den oberen und mittleren Knopf bedient werden, und einem Grillofen, der sich über den unteren Kontrollknopf einschalten lässt. Ein Kinderspiel. Als ich mich zum ersten Mal in dem Haus umsah, versicherte man mir, diese Minimalausstattung stünde meinen kulinarischen Ambitionen keinesfalls im Wege, und selbstverständlich glaubte ich meiner zukünftigen Vermieterin jedes Wort, als sie sagte, sie habe in dem Ofen ganze Lammkeulen zubereitet, für bis zu elf Personen – ich würde gern wissen, wo die alle gesessen haben. Ich vermute inzwischen, dass sie allenfalls herzhafte Brotaufstriche angerührt hat, die anschließend durchs Fenster gereicht und in den Garten getragen wurden – ich glaube, unter freiem Himmel zu feiern war in dieser Gegend eine Zeit lang sehr beliebt. Über den Ofen kann ich mich aber nicht beschweren; obwohl die Wattleistung eher bescheiden und es unmöglich ist, bei laufendem Grill die große Platte zuzuschalten, erzeugt er eine behagliche Wärme, und das Fleisch wird immer erstaunlich zart. Der Fairness halber sei gesagt, dass auch Geflügel, Maiskolben, Kartoffeln und Kürbis sehr gut gelingen, außerdem ist der Stromverbrauch niedrig und das Gerät daher ökonomisch. Ich habe mich sogar mit seinem unzeitgemäßen Aussehen abgefunden, das unangenehme Assoziationen von verkifften Studentenbuden weckt. Ich habe einen Spiegel dahintergeklemmt, sodass er nun wenigstens dem Anschein nach über vier Platten verfügt, wie jeder andere Herd auch. Besucher haben mich gewarnt, der Spiegel würde heiß werden und zerspringen, was natürlich passierte; aber nachdem das Glas drei Mal gesprungen war, sprang es nie wieder. Möglicherweise hatte in dem Spiegel nur eine begrenzte Spannung gesteckt, die nun komplett entwichen war, denn alle drei Sprünge erfolgten kurz hintereinander und ganz am Anfang, und danach, ich sagte es bereits, kam nicht der winzigste Riss hinzu.

Ich habe noch nie einen Herd gekauft und weiß deswegen nicht, wann die Zeit gekommen ist, ein altes durch ein neues Gerät zu ersetzen. Ich vermute aber, dass mein Herd sehr alt ist und seine Tage gezählt sind. Nicht, dass er schlecht funktionieren würde, ehrlich gesagt heizt er sehr effektiv; das Problem besteht vielmehr darin, ihn zum Funktionieren zu bringen. Die Knöpfe geben langsam nach. Als der erste abbrach, war es kinderleicht, einfach einen anderen, für einen gerade nicht in Betrieb befindlichen Teil des Herdes zuständigen Knopf abzuziehen und umzustecken; knifflig wurde es erst, als der zweite Knopf kaputtging. Hinzu kommt, dass der verbliebene dritte Knopf jetzt dreimal so viel benutzt wird und unter beträchtlicher Belastung steht und, wie ich vermute, jeden Moment zerbrechen wird. Außerdem ist es mühsam, den einen verbliebenen Knopf ständig auf den drei Metallzinken hin und her zu stecken; ich habe jedoch keine andere Wahl, möchte ich den Herd benutzen. Selbstverständlich habe ich schon versucht, die Metallsporne mit der bloßen Hand zu drehen, doch sie ließen sich keinen Millimeter bewegen.

Ich arbeite nun seit einer ganzen Weile mit dem letzten Bedienknopf, mehrere Monate schon, aber erst in letzter Zeit habe ich erkannt, dass diese scheinbar kleine Unannehmlichkeit in Wahrheit alles andere als klein ist. Irgendwann wird der Knopf zerbrechen, und das volle Ausmaß der drohenden Katastrophe wurde mir neulich während der Lektüre eines Romans bewusst. An einem gewissen Punkt merkt die Erzählerin, dass sie nur noch tausend Streichhölzer übrig hat. Eigentlich waren da, glaube ich, noch mehr Hölzer, und es handelte sich auch nicht um eine runde Summe, sondern um die exakte Anzahl; die Erzählerin hatte sich hingesetzt und die Streichhölzer aufmerksam gezählt, Stück für Stück. Die Szene wirkt jetzt nicht besonders dramatisch, doch die Tatsache, dass eine Frau sich hinsetzt und langsam ihre Streichhölzer zählt, hängt mit einem viel größeren, stummen Drama zusammen, aus dem sie als einzige Überlebende hervorging. Darüber hinaus kann sie nicht einfach losgehen und kaufen, was sie braucht, weil sie von einer unsichtbaren Wand umgeben ist. Die Wand war eines späten Abends einfach da, als die Frau allein in einer Jagdhütte auf ihre Freunde wartete, die unten im Tal eine Gaststätte besuchen wollten. Die Frau merkt, dass alles hinter der unsichtbaren Wand erstarrt ist: Vögel, Katzen, Menschen, ihre beiden Freunde. Aus unerfindlichem Grund wurde nur das Gebiet verschont, in dem sie nun festsitzt. Sie ist die einzige Überlebende einer rätselhaften Katastrophe und muss lernen, sich auf begrenzter Fläche einen neuen Alltag einzurichten.

Sie ist nicht vollkommen allein. Von Beginn an ist ein Tier im Spiel, das ich lange Zeit für eine Katze hielt, bis an einer bestimmten Stelle etwas gesagt wird, aus dem eindeutig hervorgeht, dass es sich um einen Hund handelt. Ich weiß nicht, wie mir ein solcher Denkfehler unterlaufen, geschweige denn wie ich diesem Irrtum so lange unterliegen konnte, seitenlang, um ehrlich zu sein; denn nachdem der Irrtum aufgeflogen war, blätterte ich zurück und entdeckte eine genaue Beschreibung der Eigenschaften, Bewegungen und Verhaltensweisen des Tieres, lauter Details, die kein bisschen zu einer Katze passten. Das Buch hatte mich von Anfang an in seinen Bann gezogen, und ich war mehr als irritiert darüber, dermaßen falschgelegen zu haben. Die einzige Erklärung bot der Name des Tieres, das Luchs hieß, und wie jeder weiß, ist ein Luchs eine mittelgroße Wildkatze. Tja, dachte ich, kein Wunder! Kein Wunder, dass ich das Tier für eine Katze gehalten habe, bei dem Namen! Aber ehrlich gesagt konnte die Erklärung, so einleuchtend sie auch schien, meine Beschämung nicht dämpfen, bewies sie doch nur, dass meine Vorstellungskraft schwach und begrenzt war und eine einzige, gewitzte Namensgebung ausreichte, seitenlange lebhafte und detailreiche Beschreibungen einfach auszulöschen und durch eine unverzeihliche Fehlinterpretation zu ersetzen. Dann wiederum muss man mit

Namen immer sehr vorsichtig sein. Namen in Büchern sind fast immer Namen aus dem richtigen Leben, beispielsweise kennt fast jeder eine Frau namens Miriam. Selbst wenn man über einen Verstand verfügt, der sich nicht so schnell in die Irre führen lässt, wird man gewisse Eigenschaften der echten Miriam auf die Figur namens Miriam übertragen, und dann hat man, obwohl sie im Buch als zart und mädchenhaft beschrieben werden, beim Lesen fleischige rote Ohrläppchen vor Augen. Es ist, glaube ich, sehr schwierig, eine Figur so zu entwerfen, dass die Allgemeinheit am Ende das gewünschte, von störenden Einflüssen bereinigte Ergebnis vor sich sieht. Manchmal fühle ich mich beim Lesen von eindringlichen Charakterbeschreibungen und menschlich nachvollziehbaren Handlungsmustern geradezu erdrückt, denn dann beschleicht mich die furchtbare Ahnung, alles falsch verstanden oder etwas vollkommen Logisches und sehr Tiefsinniges übersehen zu haben.

Ich muss wohl nicht dazusagen, dass in diesem Roman, immerhin das Tagebuch der letzten Überlebenden auf Erden, keine anderen menschlichen Figuren vorkamen, was eine echte Erholung für mich war. Ein wenig seltsam fand ich, dass ein vermutlich sehr angesehener Kritiker es auf dem Buchumschlag der dystopischen Literatur zuschlägt; es ist ja nicht so, als erlebte die Frau eine Apokalypse, alles in allem scheint sie nicht einmal sonderlich zu leiden. Damit will ich keinesfalls behaupten, ihre missliche Lage würde romantisch überhöht oder auf abstoßend durchsichtige Weise didaktisch ausgeschlachtet. In dem Buch geht es hauptsächlich ums Überleben, und die traurigen seelischen Begleiterscheinungen und aufreibenden praktischen Anforderungen der Einzelhaft in einer plötzlich leeren Welt sind in der Tat mit Scharfsinn und Sorgfalt nachgezeichnet. Gleichzeitig sind die Schilderungen der existenziellen und kosmologischen Auswirkungen dieser wundersamen Isolierung von einer besonderen Schönheit. Man kann das Buch kaum aus der Hand legen, weil man sich an den Ort wünscht, den die Figur bewohnt; weil man sich genau so auflösen möchte, wie sie sich auflöst. In vielerlei Hinsicht ist es wirklich wie ein Tagtraum aus der Kindheit, denn für ein Kind besteht die Welt hoffentlich aus Stöcken, Bergen und riesigen, einsamen Vögeln; in der Folge kreist die Kindheit hauptsächlich um grenzenlose Fantasien von Gefahr und Einzelgängertum, hoffentlich.

Im ersten Winter ist sie für ein paar Tage erkältet, was sie an ihre Grenzen bringt. Als sie sich ein wenig erholt hat und wieder besser fühlt, schaut sie in den Spiegel, was nach überstandener Krankheit völlig verständlich ist, schließlich möchte man wissen, ob man zusätzlich zu dem Gefühl, wiederhergestellt zu sein, auch sein altes Aussehen zurückgewonnen hat. Dass sie zuletzt in einen Spiegel geblickt hat, ist jedoch lange her, und zunächst weiß sie gar nicht, ob und wie sie ihr Spiegelbild auf sich beziehen soll – als wüsste sie nicht mehr genau, was es im Spiegel zu sehen gibt. Weil da keine anderen Gesichter mehr sind, fehlt ihr ein Maßstab zur Betrachtung des eigenen; es scheint alle typischen Kennzeichen verloren zu haben, und der Frau fällt es schwer, etwas Vertrautes darin zu erkennen. Und dann, kurz bevor sie in Panik verfällt, begreift sie, dass alle Kategorien, die bislang für sie gegolten haben, weggefallen sind. Sie ist keine Frau mehr, obwohl sie natürlich auch kein Mann ist; sie ist ein Element, eine physische Erscheinung, so, wie auch die Felsen und die Bäume physische Erscheinungen sind. Material. Masse. Gewebe. Ich hob den Blick von dem Buch und versuchte nachzufühlen, was sie gefühlt hatte, als sie sich ihrem eigenen Gesicht zuwandte wie einer Baumrinde, einer Felsoberfläche, der Haut eines Pfirsichs. In jenem Augenblick war es, als würden meine Pupillen zu Tunneln und ich selbst rückwärts in mich selbst hineingesogen.

Obwohl sie alle ontologischen Kategorien hinter sich gelassen hatte, war sie ihre weltlichen Fesseln natürlich nicht los – ihr Überleben hing immer noch von der Verfügbarkeit von Wärme und Nahrung ab, deswegen verbrachte sie praktisch ihre gesamte Zeit damit, Holz zu hacken, Kartoffeln anzubauen, die Kuh zu melken, alles Mögliche zu reparieren, Heu zu ernten, Beeren zu sammeln und so weiter. Zwischendurch glaubte ich schon, dass vielleicht alles gut werden und sie für immer so weitermachen würde. Das war aber nur eine kurzlebige Wunschvorstellung, denn in Wahrheit stand alles, was sie brauchte, in begrenzter Menge zur Verfügung, und sobald es aufgebraucht wäre, würde es nicht zu erneuern oder zu ersetzen sein. Sobald alle Kugeln verschossen waren, würde es kein Wild mehr geben, wenn die Kuh starb, war es vorbei mit Butter und Milch, mit der letzten Kerze würde das Licht erlöschen, und nach dem letzten Streichholz war eigentlich alles aus. Aus dem Grund hatte sie sich eines Nachmittags hingesetzt und sorgsam die Streichhölzer gezählt, Stück für Stück.

Auch Papier gab es nicht endlos viel, in der Tat schien ihr das Papier früher ausgegangen zu sein als die oben genannten Vorräte, denn der Erfahrungsbericht endet, bevor das Leben unerträglich und nicht mehr zu bewältigen ist. Ich fand es sehr klug von der Autorin, die Frage nach dem Ende der Frau offenzulassen, denn meiner Ansicht nach durfte sie nicht einfach verhungern oder in der Kälte erfrieren. Wahrscheinlich ging es hier um etwas, für das sich kein überzeugender Vergleich finden lässt. Weil der Tod der Frau im Buch nicht beschrieben wird, kann er nur noch in meinem Kopf stattfinden, und ich habe das Gefühl, immer noch davon heimgesucht zu werden, oder vielleicht bin ich hier die Heimsuchende; in dem Fall würde das Buch über sein Ende hinauswirken, was zweifellos die erklärte Absicht der Autorin war. Nachdem sich die Existenzgrundlagen der Frau vollkommen geändert hatten, darf man annehmen, dass auch ihr Tod beispiellos sein wird; diese Überlegung ging mir langsam und immer wieder durch den Kopf, als ich gestern Abend auf einem Bein im Badezimmer stand und über dem Waschbecken achtsam meine Zehennägel schnitt. Was genau, fragte ich mich, würde der Tod für sie bereithalten, und wie um alles in der Welt könnte man versuchen, dies zu beschreiben? Wände, Spiegel und Fensterscheiben waren beschlagen, ich fühlte mich ausgeruht und erfrischt und vollkommen entspannt, als die ersten Visionen aufzogen. Zunächst sah ich die letzte Frau auf Erden langsam dahinschmelzen, wie Schnee in einem Zeichentrickfilm, dann sah ich, wie sie von einem Windstoß in die Höhe gerissen und als Dampf zwischen die Wipfel der immergrünen Bäume geblasen wurde. Ich hörte sie einatmen und die Luft anhalten, bis sie in die winzigen Splitter geborstenen Raureifs zersprang, und schließlich hörte ich, wie sie auf die Schneedecke sank. Der Schnee knirschte, das Blut sickerte hinein, umgab ihren ruhenden Körper und leuchtete rot. Ich sah, wie die Krähen aus den hohen Bäumen aufflatterten und die Rehe den Kopf hoben. Ihre Augen waren pechschwarz. Ich drehte das kalte Wasser auf und schaute zu, wie es meine Nagelreste davonspülte, ich öffnete das Fenster und rührte mich nicht. Wenn wir keine Lust am Leben mehr haben, dachte ich, haben wir wohl automatisch die Magie des Todes verspielt.

Meine Sorgen wegen des Herdes sind natürlich nicht ganz so schlimm wie die existenziellen Probleme, mit denen die letzte Frau auf Erden sich herumschlagen musste; gleichzeitig werde ich, sobald der letzte Bedienknopf zerbricht und unbrauchbar geworden ist, keine Möglichkeit mehr haben, meine Miniküche auch nur teilweise einzuschalten. Von dem Augenblick an werden mir alle bekannten Methoden des Kochens nicht mehr zur Verfügung stehen. Drohende Rückschläge vorauszuahnen ist mir niemals besonders schwergefallen, schon oft habe ich die Schritte vorausgesehen, die zur Umgehung eines Hindernisses nötig sind, und doch ist es mir nur in den seltensten Fällen gelungen, mein Wissen in konkrete Handlungen umzusetzen und den Lauf der Dinge in eine für mich vorteilhaftere Richtung zu lenken. Aber nun, möglicherweise angeregt durch die Romanlektüre, verließen meine Grübeleien den Bereich des Theoretischen und erlaubten mir plötzlich einen sehr pragmatischen Blick auf meine eigentliche Lage, was mich dazu brachte, den Hersteller meines altersschwachen Kochgeräts zu ermitteln und anschließend zu recherchieren.

Belling ist natürlich der wichtigste Vertreter für Miniküchen, und ich bin mir ziemlich sicher, dass die Dachwohnung in der Nähe des Krankenhauses, in der ich vor vielen Jahren lebte, mit einem klassischen Modell von Belling ausgestattet war. Belling ist übrigens eine englische Firma, was ich vollkommen einleuchtend finde, weil Doppelkochplatten in möblierten Zimmern nicht fehlen dürfen und möblierte Zimmer – so wie auch B&Bs – typisch englisch sind. Man denkt sofort an unverheiratete Menschen, an verwitwete Sekretärinnen und verlotterte Hausmeister, an Brandlöcher im gestreiften Bezug der unvermeidlichen Bügelbretter, die neben dem Wäscheschrank am Ende des Korridors stehen. An billige Töpfe mit dünnem Boden, in denen alles sofort anbrennt, an eine dralle Gestalt, die in den Ausdünstungen steht und mit einem langen Metalllöffel im Essen rührt. Und überall Wäsche, die über Möbeln hängt und niemals jene Beulen loswird, die permanent ausgefahrene Ellenbogen und gebeugte

Knie und eingestemmte Fersen hinterlassen haben. Aus unerfindlichem Grund denkt man auch an Untersetzer, und an Andenken, aus Malta beispielsweise, gebraucht gekauft im Laden an der Ecke, und an Zeitschriftenhalter und Krawattenbügel. An Nagelscheren im Badezimmer, die immer auf derselben Kachel liegen, weiße Kachel mit Kompassnadel, die ewig in dieselbe Richtung zeigt, zum trübgrauen Fenster hin. An Abluftventilatoren und launische Rauchmelder und verklebte Dosenöffner und Obstausstecher und Tütensuppe und einen kleinen Herd von Belling. Ich glaube nicht, dass man sich mit einem Belling umbringen könnte, denn soweit ich weiß, stellt die Firma ausschließlich Elektroöfen her, aus gutem Grund; bestimmt war Belling immer bewusst, welche Menschen sich für das Produkt interessieren, welche morbiden Fantasien die Zielgruppe mit sich herumschleppt und letztendlich umzusetzen versucht.

Wie dem auch sei, trotz der angeblich darin zubereiteten riesigen Lammkeulen bietet ein Baby Belling nicht sonderlich viel Platz, ich halte es für nahezu unmöglich, bequem seinen Kopf hineinzuschieben.

Ich zum Beispiel habe es nicht geschafft, den Kopf in meinen Ofen zu schieben, ohne die Unterseite meines Kinns mit viel altem Fett zu beschmieren. Außerdem stinkt es da drin. Es stinkt irgendwie verkohlt, was zu erwarten war, schließlich habe ich den Ofen nie gereinigt, kein einziges Mal; ehrlich gesagt halte ich das für mehr oder weniger sinnlos. Wie sich herausgestellt hat, ist das Gerät nicht einmal von Belling; der geheimnisvolle Hersteller nennt sich Salton. Der Name erscheint mir auf Anhieb suspekt, geradezu ausgedacht, und prompt beginnt meine Hoffnung auf den Erwerb von Ersatzknöpfen zu schwinden und meine Laune ins Säuerliche umzuschlagen. Noch während ich den Spiegel anhebe, um an der Rückseite des Ofens nach einer Modellnummer zu suchen, wird mir klar, dass dieser Ofen schon lange nicht mehr produziert wird und das Ganze eine riesige Zeitverschwendung ist. Die Hartnäckigkeit, mit der ich meine Bemühungen ungeachtet der Faktenlage vorantreibe, kann nur bedeuten, dass ich verzweifelt auf der Suche nach Ablenkung bin oder dass mich meine gleichgültige Grundhaltung den meisten Dingen gegenüber langsam in einen Zustand der Panik versetzt hat und ich endlich aufhören sollte, dieser Gleichgültigkeit so zügellos freien Lauf zu lassen. Ich notiere mir die Modellnummer auf dem Aufkleber, dessen eine Ecke sich vom Ofen gelöst hat. Unter der Ecke wie auch an der freigelegten Stelle hängen winzige Krümel, was beweist, dass beide Flächen noch klebrig sind, und mich zu der Frage bringt, wie der Aufkleber sich überhaupt lösen konnte. Die Nummer lautet 92711, oder so ähnlich, wahrscheinlich gebe ich sie nicht korrekt wieder, außerdem standen vermutlich noch zwei Großbuchstaben davor, an die ich mich ebenfalls nicht mehr erinnern kann. Dies ist nicht der Moment für dauerhafte Erinnerungen. Selbstverständlich finden sich in jedem Haushalt Bereiche, die zentral und dennoch unerreichbar sind. Mit anderen Worten Stellen, die man nicht direkt vor Augen hat und die regelmäßig mit Krümeln, Flusen und Essensresten in Kontakt kommen. Hartnäckige Flecken und Schlieren und Haarnadeln verharren einfach und wirken auf eine ungute Weise zusammen, über die man gar nicht erst nachdenken will, folglich beschränkt man seine Aufmerksamkeit auf die sichtbaren Flächen und trägt Sorge, dass sie nicht versehentlich in die Lücken des klebrigen Chaos abrutschen, die sich zwischen den einzelnen Gegenständen auftun. Es würde zu schrecklichen Funden kommen; sobald man mit dem kompletten Lückeninventar konfrontiert wäre, würde vor dem geistigen Auge ein krasser Trank aus Gänsefett und naturbelassenem Meersalz auftauchen.

Ich entdeckte natürlich jede Menge Krümel. Krümel und Körnchen, und tatsächlich auch einen Schwan. Einen winzigen weißen Schwan, er reißt die Augen auf und reckt den Schnabel empor, als betrachtete er vier oder fünf andere Schwäne, die sich hoch oben durch die Wolken schlagen. Armer, kleiner weißer Schwan, so lebensecht und voller Sehnsucht; ich werde dich an deinen Platz zurückstellen. Der, wie ich glaube, oben auf dem Spiegelrahmen war. Kleiner weißer Schwan, wie bist du hergekommen? Ich drehe dich zwischen Daumen und Zeigefinger hin und her und kann mich beim besten Willen nicht erinnern, wie du hierhergekommen bist.

Südafrika. Südafrika! Ist es zu glauben! Wie sich herausstellt, stammt mein kleiner Herd von einem fernen Kontinent! Ich sehe Hühner mit exotischem Gefieder über schuppige Kochfelder staken und karamellisierte Maiskolben in ihren aristokratischen Klauen. Ich sehe riesiges Wurzelgemüse mit Runzeln und Bärten, verblüffende Früchte und Reis, der wie zischender Regen aus dem Sack rieselt. Alles rot, alles gelb. Ich habe natürlich keine Ahnung; ich erinnere mich, wie ich einmal vor vielen Jahren in einer Küche im südlichen London Gemüse für einen Salat zerkleinerte, und neben mir stand ein Mann aus Südafrika und zeigte mir, wie man Gurken schneidet. Das ist alles. Ich weiß noch, wie er die kühle, stumpfe Schale der Länge nach mit einer Gabel zerkratzte; als er die Gurke später schräg zerschnitt, kamen wundersam zerfranste Schnitze heraus. Seither schneide ich Gurken nur noch so, besonders mondän wirken die Scheiben in niedrigen Gläsern mit aromatisiertem Gin.

Liebes Salton aus Südafrika, mein Herd geht kaputt, bitte hilf. Bitte verschicke die benötigten Ersatzteile mit einem Kuckuck, sodass sie rechtzeitig zum Frühling hier eintreffen. Der Kuckuck wiederum ist ein schamlos eigensüchtiges Tier; du kannst also gern einen besser geeigneten, in Kürze abfliegenden Zugvogel auswählen, aber bitte keine Schwalbe, die Schwalben kommen erst im Mai hier an, was, wie ich fürchte, viel zu spät sein wird, außerdem sind Schwalben zu begabt und zu glamourös für eine so biedere Aufgabe. Ich wohne am westlichsten Zipfel Europas, genau genommen direkt am Atlantik. Das Wetter ist im Vergleich zum restlichen Europa sehr schlecht, was erklären würde, warum hier nur sehr wenige Menschen leben. Die dünne Besiedelung mag wiederum der Grund dafür sein, dass die Infrastruktur des Landes eher schwach, der öffentliche Personennahverkehr unpünktlich, sporadisch und grundsätzlich mies ist. Glücklicherweise ist der Ort, an dem ich lebe, insgesamt und trotz alledem sehr schön – trotz der Hungersnöte, die früher in der Tat viele hundert Menschenleben gekostet haben, hier und anderswo. Die Taxifahrer sagen mir regelmäßig, ich besäße hier ein Stück vom Paradies, von dem sie nichts geahnt hätten. Salton, die Hungersnöte erwähne ich an dieser Stelle nicht, um eine soziohistorische Nähe herzustellen, das wäre in der Tat ein zu plumper Versuch, sondern weil mein Verstand momentan für Bilder des Hungerns empfänglicher ist als je zuvor, was daran liegt, dass mir sozusagen die Streichhölzer ausgehen. Eins kann ich versichern, dies ist nicht die richtige Jahreszeit für Müsli, Salat und Kapern. O Salton aus Südafrika, gibt es dich überhaupt? Nein, fürchte ich fast, denn meine Versuche, deine Zentrale ausfindig zu machen, führen lediglich auf verschiedene Internetseiten, die hunderte Gebrauchtgeräte zum Verkauf oder Tausch anbieten. Anscheinend stellst du nichts Neues mehr her und fühlst dich für die Instandhaltung der Küchengeräte, auf die du einst deinen illustren und stolzen Namen geprägt hast, nicht mehr verantwortlich. Wahrscheinlich werde ich mir am Ende mit einer Zange oder Ähnlichem behelfen müssen.

Übrigens habe ich irgendwo gelesen, dass einst die unglaubliche Zahl von zweitausend Leichnamen aus Gräben gezogen, auf Karren geworfen und bergab zu der Grube hinter der Kirche gebracht wurde. Dass *alle* Toten aus Gräben gezogen wurden, kann ich nicht so recht glauben. Als die Menschen zusammenbrachen und in die Gräben fielen, war an ihnen kein Fleisch mehr, nichts, was die Knochen aufrecht oder die Haut zusammengehalten hätten. Ihre Gerippe sind zwischen die Furchen gerutscht, und die schlaffe Haut hat sich mit Regenwasser und Sedimenten vollgesogen, die aufgequollenen Augen haben sich aufgelöst und wurden bald von Flechten überwuchert, die Fingernägel fielen ab und lagen herum, und die Haare strömten in wellenden, gelatinösen Bändern aufwärts. Die Zähne wiederum, schon zu Lebzeiten schwarz und porös, schlugen sich schmatzend ins üppige Moos. Ein Babbeln und Brodeln. Da wird kaum noch etwas von ihnen übrig gewesen sein, nichts, was man hätte greifen können. Stell dir das mal vor, Salton – so ausgemergelt, dass nichts mehr übrig war zum Rausziehen und Wegschaffen.

Dann stieß ich auf eine englische Firma, die Ersatzteile herstellt, Zubehör für alle Küchengeräte wie Herde, Geschirrspüler, Abzugshauben, Kühlschränke und Gefriertruhen. Doch trotz des breiten Angebots von Ersatzkontrollknöpfen ist mein besonderes Modell in den wählbaren Optionen nirgends zu finden, und ich bekomme auch keine Reaktion, als ich die Nummer in die Suchleiste eingebe. So bleibt mir nur, ein Anfrageformular auszufüllen, was ich sofort tue, denn soweit ich das überblicken kann, ist das Ende der Fahnenstange erst damit erreicht; nun bin ich so weit gekommen, da kann ich genauso gut den letzten Schritt tun und meine Niederlage besiegeln. Und tatsächlich, ungefähr drei Stunden später schickt mir das Serviceteam eine E-Mail und schreibt mir, man sei in diesem

Fall leider nicht in der Lage gewesen, das benötigte Ersatzteil zu finden, aber man versichert mir, dass man sich weiterhin darum bemühen werde. »Im Erfolgsfall werden wir es in unser Sortiment aufnehmen und Sie zeitnah benachrichtigen.« Doch ich rechne nicht damit, jemals wieder von ihnen zu hören. Tief in meinem Herzen habe ich immer gewusst, dass es mir nicht gelingen würde, Ersatzkontrollknöpfe für eine veraltete Miniküche aufzutreiben.

Zehn Minuten lang bin ich ratlos, und das Gefühl unterscheidet sich, wie ich merke, nicht groß von der vertrauten Gleichgültigkeit. Folglich komme ich gut damit zurecht.

Etwa eine Woche vor Weihnachten stand ich in der Küche meines Freundes, der ganz in der Nähe wohnt. Vielleicht teilten wir uns gerade einen Toast, ich weiß es nicht mehr. Ich trug eine Mütze, das weiß ich noch, möglicherweise wollte ich an dem Tag noch irgendwohin, was dann aufgrund irgendeines banalen Hindernisses nicht klappte. Er hatte zu tun, war aber dennoch aufmerksam und entgegenkommend. Weil er zu Hause arbeitet, für seine Arbeit die unterschiedlichsten Materialien und Werkzeuge braucht und sein Haus recht klein ist, liegt auf allen Flächen und Tischen und sogar auf dem Sofa immer viel Zeug herum. Oft spiele ich während unserer Unterhaltungen mit dem einen oder anderen Gegenstand oder tue sogar so, als wollte ich ihn stehlen, auf eine stümperhafte, offensichtliche Art. Ach, jetzt fällt es mir wieder ein. Vor einigen Wochen hatte er eine Schminktasche auf der Straße gefunden und mich gefragt, ob ich etwas daraus gebrauchen könne. Das war nicht der Grund meines Besuchs, genau genommen hatte ich ihn, seit er die Schminktasche gefunden hatte, mehrmals besucht und die Tasche glatt vergessen, aber als ich an dem Tag aus seinem Bad kam, fiel sie mir wieder ein, und ich fragte danach. Ich öffnete die Tasche, und ein tiefsitzender, süßlicher Verwesungsgestank strömte heraus. Die Kosmetika waren verkrustet und dunkel. Was ist das?, fragte er. Abdeckstift, sagte ich. Und das?, fragte er. Ich glaube, das ist auch ein Abdeckstift, sagte ich. Meinst du, das hat einer älteren Frau gehört?, fragte er. Nein, sagte ich, ganz im Gegenteil. Wie kommst du darauf?, fragte er. Sieh dir dieses Lipgloss an, sagte ich. In der Tasche war nichts, was ich wollte – außer einer Pinzette. Mehr willst du nicht?, fragte er. Nein, sagte ich. Wir legten alles wieder hinein, und er warf die Tasche in den Müll, und in dem Augenblick entdeckte ich eine Zange. Wo hast du die denn her?, fragte ich. Wenn du willst, kannst du sie haben, sagte er. Wirklich?, fragte ich. Du wirst sie noch gebrauchen können, für deinen Herd, sagte er.

Ja, sagte ich, das stimmt, und wie. Als ich danach greifen wollte, meinte er, ich müsse sie vorher sterilisieren. Leg sie für ein paar Minuten in kochendes Wasser, sagte er. Warum?, fragte ich. Sie ist ins Klo gefallen, sagte er. Er wickelte die Zange in eine durchsichtige Tüte, und ich steckte sie ein, zusammen mit der hochwertig aussehenden Pinzette. Gib Bescheid, wenn du wieder abreist, sagte ich. Klar, sagte er. Schönen Tag noch, sagte ich.

Wie sich herausstellt, habe ich, als ich den Roman über die letzte Frau auf Erden beschrieb, einige Sachverhalte ziemlich verfälscht dargestellt. Der Hund zum Beispiel, Luchs, gehörte Hugo und Luise, dem Paar, in dessen Jagdhütte die Frau beim Eintreten der Katastrophe wartete. Der Hund ist in Wirklichkeit ein Bayerischer Gebirgsschweißhund, so hatte ich ihn mir mehr oder weniger auch vorgestellt, doch anders, als von mir behauptet, tauchte er nicht plötzlich auf; er und die Frau kannten sich bereits. Mir sind noch andere Fehler unterlaufen, Unterschlagungen hauptsächlich, aber ich werde hier nichts mehr richtigstellen, denn ich wollte meine Eindrücke von den Ereignissen beschreiben, nicht die Ereignisse selbst. Wäre das Buch greifbar gewesen, hätte ich die Details vielleicht überprüft, vielleicht auch nicht, jedenfalls war das Buch nicht greifbar gewesen, weil ich es einer Freundin geliehen hatte. Meiner Freundin, einer schwedischsprachigen Finnin, ging es schon länger nicht gut, und ich dachte, das Buch wäre die perfekte Lektüre für einen niedergeschlagenen Menschen. Als wir uns endlich einmal wiedersahen und ich mein Buch zurückbekam, legte sie vorsichtig eine Hand darauf und sagte, es sei erstaunlich. Wir saßen an einem kleinen runden Tisch und tranken je ein Glas Rotwein, es war Nachmittag. Meine Freundin war gerade aus Stockholm zurückgekehrt, wo sie den neunzigsten Geburtstag ihrer Mutter gefeiert hatte. Es ging ihr schon viel besser, und sie erzählte aufgeregt von der Reise – in dem Hotel, wo sie gewohnt hatte, wurde bis um zwei Uhr nachmittags Frühstück serviert! Das klingt sehr zivilisiert, sagte ich. Ja, sagte sie, und auf dem Büffet haben sich unglaubliche Köstlichkeiten aufgetürmt. Melonen, sagte sie. In dem Buch liegt etwas für dich, ein Mitbringsel aus Stockholm. Oh, sagte ich, wow. Ich schlug das Buch vorsichtig auf, darin steckte ein winziges Messer mit Elfenbeingriff. Ich musste es aufgeben, sagte sie. Ja, natürlich, sagte ich und drehte das Geschenk langsam hin und her. Ich mag kleine Messer, sagte sie. Ich auch, sagte ich.

Die Straße nach Hause hat keine Reflektoren und keine Markierungen. Es gibt keinen Seitenstreifen, und die Autos fahren zu dicht und sehr schnell vorbei. Zu beiden Seiten der Straße zieht sich ein Graben dahin, dahinter gibt es Weißdornbüsche und jede Menge Müll, sogar ausrangierte Elektrogeräte liegen herum. Als ich etwa eine Woche vor Weihnachten nach dem Besuch bei meinem Freund, der ganz in der Nähe wohnt, auf der Straße unterwegs war und an gewohnter Stelle stehen blieb, spürte ich, wie viele bedrückende Erinnerungen und Gefühle, die seit Längerem im Verborgenen gelauert hatten, plötzlich in mir hochkamen. Wenn man nicht von einem bestimmten Ort stammt, wirkt die Geschichte dieses Ortes auf einen selbst anders als auf die Leute, die dort geboren sind. Zu gewissen Ereignissen, die den Ort geprägt haben, hat man keine unmittelbare Verbindung, weil keiner der eigenen Vorfahren in sie verwickelt oder von ihnen beeinflusst war. Man hat keine Geschichten, die sich erzählen oder abgleichen ließen, kein geerbtes Narrativ, an das man sich halten könnte, und alle Namen sind fremd und bedeuten einem gar nichts. Und es ist, als wüsste die Geschichte des Ortes über diese Wissenslücke ganz genau Bescheid. Wenn man nicht von einem bestimmten Ort abstammt, wird man immer angreifbar bleiben, denn egal, wie viele Jahre man dort gelebt hat, man wird sich nie auf eine Seite der Geschichte schlagen können; da ist nichts, womit man sich die volle Wucht der Geschichte dieses bestimmten Ortes vom Leib halten könnte.

Und so fällt sie einen an, kriecht durch die weich gepolsterten Sohlen aufwärts und schlägt sich durch den gesamten Körper, um zuletzt auf den endlosen Freiflächen des Verstandes ihren zeternden Vorrat an Bildern auszupacken.

Endlich herausgebrochen, raus, raus, raus

schlittern sie über die fahlen Weiten eines flachen, schutzlosen Himmels.

Alle Namen bedeuten dir nichts, und dein Name bedeutet niemandem etwas.

Postkarte

Es regnet jetzt, und ein BH-Träger ist von der Stuhllehne heruntergerutscht, was passend ist. Auch die Laute der Frösche passen jetzt endlich dazu. Wie meine Vagina klingen sie, immerhin wären wir jetzt in diesem Moment dabei, uns auszutoben. Es wäre einer dieser Augenblicke geworden, wo ich mich komplett gehenlasse und alles aus mir heraushole – wie seltsam, dies mit absoluter Sicherheit zu wissen, es absolut zu fühlen, und doch nichts tun zu können, sondern nur reglos zuzuschauen, wie es ganz dicht vorüberzieht. Neben dem Bett liegen die Beinlöcher meiner Unterhose leer am Boden, und ich bin weiterhin damit beschäftigt, den Crémant zu leeren. Alle Fenster sind offen und alle Fensterläden aufgeklappt, ich kann den Regen hören und die Frösche natürlich auch – sie klingen anders, als man meinen würde, ehrlich. Ich wäre niemals in der Lage gewesen, dir ihr Quaken zu beschreiben, aber jetzt ist es ziemlich offensichtlich, es ist das Geräusch meiner Vagina. Gott im Himmel, es regnet so heftig –

Träger sind etwas Schönes, hängen einfach nur runter, von einem Stuhl neben einer weißen, ungeputzten Badewanne. Es ging vorbei – ich stieg aus dem Bett und trat ans Fenster und pustete zwei oder drei Zehennägel auf das nasse Dach des Zimmers, in dem neulich eine Party gefeiert wurde; jemand hatte Geburtstag. Der Reißverschluss meines Kleids war, nur, damit das alle wissen, lang und goldfarben.

Das tiefste Meer

Ich schreibe dies mit grüner Tinte, wobei es genau genommen kein Grün ist, noch nicht. Viel Zeit ist vergangen, seit dieser Füller zuletzt benutzt wurde – im Vergleich zu meinem anderen, häufig benutzten Füller ist er eher unhandlich, vielleicht fällt es mir nur aus dem Grund so schwer, Fortschritte zu machen.

Anscheinend war die Tinte, die bei der letzten Benutzung aus der Feder lief, blauschwarz. Die alte Patrone steckte noch darin, sie war mehr oder weniger leer, und ich frage mich – ich kann nicht anders –, wohin die ganze Tinte aus der Patrone verschwunden ist. Denn seit ich diesen Füller zum letzten Mal benutzt habe, ist viel Zeit vergangen. Trotzdem habe ich, ehrlich gesagt, eine Ahnung davon, wohin die Tinte aus jener letzten Patrone verschwunden ist; weil der Füller ein Geschenk war und zusammen mit einem Notizbuch überreicht wurde, wäre es nur logisch anzunehmen, dass die beiden zusammen zum Einsatz kamen, genau so, wie die schenkende Person es sich gedacht hatte.

Wie gewissenhaft von mir.

Selbst jetzt, nach einer Weile, kommen die Worte immer noch blauschwarz heraus und machen überhaupt keine Anstalten, ihre Farbe zu wechseln. Nicht ansatzweise, was mich ziemlich verwundert. Wie kann das sein? Übrigens finde ich es kein bisschen merkwürdig oder lächerlich, mit grüner Tinte zu schreiben; aber ach, man kann nicht daran festhalten, sobald man einmal die unfreundlichen und gemeinen Kommentare gehört hat und sich des Stigmas bewusst wurde, das der grünen Tinte anhaftet. Ab dem Moment schämt man sich nämlich, als wäre man vollends durchschaut worden; man gibt die grüne Tinte auf und tut so, als wäre nichts passiert. Doch nun passiert es schon wieder, oder es wird bald passieren, nicht, weil ich bewusst zur grünen Tinte zurückgekehrt wäre, sondern weil ich neulich ganz unten in einer lange unbenutzten Einkaufstasche eine grüne Tintenpatrone gefunden habe. Ich hatte diese spezielle Einkaufstasche lange nicht gebraucht, weil sie Räder hat. Obwohl es in der Tat sehr nützlich war, während meiner Zeit in der Stadt eine Einkaufstasche mit Rädern zu haben, ist sie jetzt, da ich nicht mehr in der Stadt lebe, ziemlich unpraktisch. So kam es, dass die Tasche zum letzten Mal bei meinem Umzug aus der Stadt zum Einsatz kam. Ich hatte den Inhalt der Küchenschränke hineingepackt, aber nicht einmal da wurde sie ordnungsgemäß benutzt und auf Rollen aus dem Haus gezogen. Ein Mann schulterte sie und trug sie aus der Küche zu einem Lieferwagen, der sich mit Gegenständen aus dem Haus füllte. Die Einkaufstasche war mit Luftpolsterfolie ausgestopft, die ich eines Tages bestimmt brauchen würde, allerdings nicht unbedingt diese bestimmte, deswegen warf ich die Folie weg, und am Boden der Tasche entdeckte ich, nun ja, eigentlich nicht viel.

Eine Batterie natürlich – eine Batterie ist immer dabei – und einen kleinen Schneebesen und eine grüne Tintenpatrone von Sheaffer. Ich hatte Sheaffer immer für ein holländisches oder dänisches Unternehmen gehalten, oder ein schwedisches vielleicht. Wie sich gezeigt hat, wurde Walter A. Sheaffer in Iowa geboren und stellte seine Füller seit 1913 her, was bedeutet, dass die Marke Sheaffer in diesem Jahr ihr hundertjähriges Bestehen feiern kann; ganz bestimmt wird es ein paar erlesene Sondereditionen geben, um den Anlass zu würdigen. Zu meiner weiteren Überraschung wurde auch die Firma Parker von einem Amerikaner gegründet – von Mr George Safford Parker und im Jahr 1888, folglich begeht die Firma Parker gerade ihren 125. Geburtstag, ein wenig bescheidener als Sheaffer vermutlich, deren aktuelle Kollektion meiner Ansicht nach ein wenig zu protzig ausgefallen ist. Paper Mate stellt, wie ich meine, nur Kugelschreiber her, aber das ist beileibe nicht der einzige Grund, warum mich das Unternehmen nicht interessiert und ich kein weiteres Wort dazu sagen werde.

Manchmal hatte ich mehrere Füller gleichzeitig in Benutzung, die aber nicht austauschbar waren, weil jeder mit einer andersfarbigen Patrone bestückt war und einen speziellen Zweck erfüllte. Mit dem stählernen Blauschwarz bewältigte ich hochgeistige Korrespondenz und behördliche Tiefschläge, das Gold zückte ich für besondere Anlässe und Wendepunkte, und für den verstohlenen Schriftverkehr wechselte ich zum Grün.

Das Grün benutzte ich heimlich und bis vor einer Weile, selbst noch, nachdem ich von dem damit assoziierten Stigma erfahren hatte. Oder vielleicht genoss ich die Stigmatisierung in Wahrheit und fühlte mich verpflichtet, sie zu erdulden. Darüber hinaus waren meine Füller geklaut – was heißen soll, dass ich sie selbst geklaut hatte, recht mühelos übrigens –, und ich trug immer mindestens drei davon in der oberen Außentasche meines Wollmantels mit mir herum, selbstverständlich ohne sie anzuklammern. Kann sein, dass die Kappenspitzen knapp über die Taschenkante hinausragten, aber das war unvermeidlich und somit akzeptabel. Mein Wollmantel war übrigens ausnehmend schäbig. Dort, wo eigentlich der oberste Knopf sitzen sollte, baumelte ein langer Faden herab, der Inhalt der Taschen rutschte durch Löcher ins Futter, die Säume waren steif und der Wollstoff ausgebeult, sodass es nahezu unmöglich war, gepflegt oder arrogant darin auszusehen, was mir sehr entgegenkam, denn arrogant auszusehen war so ziemlich das Letzte, was ich wollte. Ehrlich gesagt besitze ich den Mantel bis heute, in den vergangenen Jahren habe ich ihn allerdings nur getragen, wenn jemand überraschend lieblos zu mir war. In diesem Mantel kann man mit verschränkten Armen im hohen Gras liegen, auch bei Regen.

Ich muss zugeben, dass ich eine angeborene Schwäche für schäbige Kleidung habe. Inzwischen habe ich mich so sehr an Löcher und andere Mängel gewöhnt, dass ich gegen gelegentlich hervorgerufene Beleidigungen und besorgte Kommentare vollkommen unempfindlich geworden bin, und selbst das Unwohlsein und Mitleid meiner Freunde macht mir nichts mehr aus. Ich weiß noch, wie ich in Dublin vor Jahren einmal eine Französin in einem hellen Cordmantel sah, an dessen Brustpartie riesige Flecken prangten. Noch dazu waren die Flecken lila, als stammten sie vom Saft dunkler Früchte wie Zwetschgen oder Holunderbeeren. Als man mir die Französin in dem dreckigen Cordmantel vorstellte, konnte ich meine Augen nicht von den tiefroten Quaddeln abwenden, die zu beiden Seiten des Reißverschlusses aufblühten, und wann immer ich ihr später begegnete und sie den Mantel nicht trug, war ich enttäuscht und gelangweilt. Ich fand diese lebhaften und unverschämten Flecken außergewöhnlich und irgendwie aufregend, gerade so, als zeigte die Frau damit einen winzigen Ausschnitt ihrer Persönlichkeit vor. Die Tinte hat sich übrigens immer noch nicht verändert und fließt weiter in Blauschwarz dahin. Weil ich meinte, mich zu irren, bin ich zu der hellen Lampe hinübergegangen, die im linken Fenster steht, aber selbst dort – ganz besonders dort – waren alle Wörter von einem einheitlichen Blauschwarz, ohne jede Spur von Grün. Da war nicht einmal ein Hauch.

Ich konnte es nicht fassen. Ich habe den Füller aufgeschraubt, um sicherzustellen, dass die gewünschte Patrone darin steckt, und tatsächlich, sie ist da, sie ist eindeutig grün und leert sich schnell. Ein gutes Fünftel ist schon verbraucht, aber vom Grün ist immer noch nichts zu sehen. Auf die Patrone mit der widerspenstigen grünen Tinte stieß ich überhaupt nur, weil die Einkaufstasche, in der sie lag, plötzlich draußen in der Einfahrt stand, ganz ohne mein Einverständnis und zusammen mit anderen Habseligkeiten, die momentan nicht in Gebrauch sind. Lustigerweise kann ich mich nicht mehr erinnern, ob ich meine deplatzierten

Sachen vom Garten oder vom Küchenfenster aus entdeckt hatte. Unabhängig davon war ich kein bisschen überrascht oder gekränkt, als ich bemerkte, dass einige meiner Besitztümer ohne mein Einverständnis vom Anbau in die Einfahrt geschafft worden waren.

Bis zu jenem Moment hatte ich mich im Grunde für einen Menschen gehalten, der es nicht gut erträgt, wenn jemand an seine Sachen geht, und mit an Sachen gehen meine ich streng genommen schon so etwas wie intensiv betrachten. Ich betreibe nämlich immer eine schreckliche Heimlichtuerei, und diese Art von Aufmerksamkeit gefällt mir gar nicht. Wie dem auch sei, dort draußen standen plötzlich viele meiner Habseligkeiten, die irgendjemand unvermittelt und ohne mein Einverständnis herausgeholt haben musste, und doch spielte ich kurz mit dem Gedanken, so zu tun, als wäre nichts geschehen. Entgegen meiner Selbsteinschätzung stellte sich heraus, dass meine Sorge um meine draußen verstreuten Besitztümer eher klein war; ich glaube, eigentlich habe ich das Haus sogar nur verlassen, weil ich an dem Tag einen neuen Pullover trug.

Ehrlich gesagt überrascht es mich kein bisschen, dass ein Teil meiner Sachen in die Einfahrt geschleppt wurde; meine Vermieterin und ihre Schwester kommen in letzter Zeit öfter vorbei und sind, soweit ich es vom Küchenfenster aus sehen kann, sehr beschäftigt damit, Ordnung zu schaffen. Vor drei Tagen beispielsweise kam die Vermieterin an meine Tür und befragte mich zu zwei großen Säcken voller Leergut. Ich habe mit dem Leergut nichts zu tun, musste das aber vorsichtig formulieren, um die Person, die alles damit zu tun hat, nicht in Schwierigkeiten zu bringen. Anscheinend haben sie nun also den Anbau in Angriff genommen, und warum auch nicht, immerhin hat er sich zu einem Lagerraum für verblichenen Plunder entwickelt, für kaputten Kram und Gegenstände, die zu merkwürdig zum Wegwerfen sind. Völlig verständlich, dass die beiden den Anbau in ein Depot für jene Dinge zurückverwandeln wollen, die man nicht täglich braucht, die aber dennoch von Nutzen sind.

Bei meinem Einzug war der Anbau eine Art Trödelspeicher. Manchmal, wenn ich nicht weiterwusste, ging ich hinüber, stellte mich in sein weiches Halbdunkel und wartete, bis mir etwas ins Auge fiel. Später, als ich schon eine Weile hier wohnte, wurde ich mutiger und berührte den einen oder anderen Gegenstand, und noch später, als ich mich hier fast zu Hause fühlte, nahm ich alles, was mir gefiel, einfach mit ins Haus. Ich würde nicht so weit gehen zu behaupten, dass im Anbau unvorstellbare Schätze lagerten, auf den ersten Blick wirkte alles sehr chaotisch. Doch eine Zeit lang konnte ich nicht hineingehen, ohne etwas mitzunehmen, und ich weiß noch, wie ich dachte, dass ich ein ganz schönes Sensibelchen sein muss, wenn es selbst ausrangierten Gegenständen in einem Regal gelingt, mich für sich zu gewinnen und dazu zu bringen, sie an ihren früheren Standort zu tragen. Denn mir war durchaus klar, dass ich genau das tat: Ich schleppte die Verstoßenen in ihr altes Zuhause zurück.

Wir waren schon viele Male bei der Deponie, meinte sie, nachdem sie etwas Höfliches, aber nicht ganz Zutreffendes über meinen neuen Pullover gesagt hatte. Wir standen in der Einfahrt und redeten über Plunder, und wie er sich ansammelt, und auch über Frankreich und Italien. Ich muss zugeben, sie sah sehr gut aus. Dann gingen wir zum Anbau hinüber, wo sich in der Tat sehr viel Plunder angesammelt hatte, so viel, dass es fast unmöglich war, die Tür zu öffnen. Ich sah, dass eine beträchtliche Menge davon bereits fortgeschafft worden war oder draußen in der Einfahrt lag und wie in einer Vorhölle auf das Urteil wartete. Was verbleiben durfte, wurde ordentlich einsortiert. Meine alte Stereoanlage bildete das beeindruckende Herzstück der Sammlung. Die funktioniert nicht mehr, sagte ich, Sie können sie wegschmeißen. Auch mein Zelt entdeckte ich, es war in die dazugehörige Tasche verpackt, eine Art Hülle oder besser gesagt Kappe; ich freute mich immer, wenn ich das Zelt sah, und hegte gar keine Zweifel, dass ich es behalten wollte. Bei den Sachen, die draußen lagen, war schon weniger klar, was ich noch damit anstellen wollte – beispielsweise mit den vielen tausend Wörtern, die ich drei Jahre lang im Zuge meiner Doktorarbeit geschrieben hatte. Viele Seiten waren lose, und ich wusste nur zu gut, dass sie sich nicht in der richtigen Reihenfolge befanden. Ich besaß nicht wenige dieser hässlichen Ringordner, die ich letztlich nie verwendet habe, weil sie so streng und humorlos aussahen; ich weiß noch, dass ich von Pontius zu Pilatus gelaufen bin – gar nicht so leicht, wenn es in der Stadt nur zwei Schreibwarengeschäfte gibt –, auf der Suche nach Ringordnern in einer anderen Farbe als Schwarz, Rot oder Blau. Mehr als die Einleitung hatte ich natürlich nicht geschafft, sie zog sich so weit wie möglich dahin, um nie auf den Punkt, um den es mir eigentlich ging, kommen zu müssen. Da war auch ein Briefumschlag, ein weißer Umschlag von der Sorte, in der mehrere doppelt gefaltete DIN-A4-Blätter Platz finden. Auf dem weißen Umschlag stand ein durchgestrichener und darüber mein Name, und an der Rückseite hing ein Stück Klebeband, das tatsächlich immer noch recht klebrig war; ich musste daran ziehen, um den Umschlag zu öffnen. Und da war er, ein Brief von ihm, in meiner Hand.

Meines Wissens hatte er die ganze Zeit im Haus gelegen, in der Innentasche einer ausrangierten Clutch. Tatsächlich hatte ich den Brief lange Zeit dort aufbewahrt, ich konnte mir nicht erklären, aus welchem Grund ich ihn überhaupt herausgeholt haben sollte. Ich hätte nie damit gerechnet, mit diesem Brief in der Einfahrt zu stehen, nie im Leben, also stand ich einfach nur da, hielt ihn mit beiden Händen, genoss das unvermittelte Auftauchen einer vergessenen Sache und fühlte mich gleichzeitig furchtbar unsicher. Ehrlich gesagt trat ich richtiggehend aus meinem Körper heraus; ich meinte, die bunten Farben und willkürlichen Muster meines neuen Pullovers von hinten zu sehen, und sogar meinen eigenen Nacken und die Haarschlinge, die sich aus meinem Pferdeschwanz gelöst hatte. Irgendwann merkte ich, dass ich auf Gefühle wartete, auf dieselbe Gefühlsmischung, die sich immer Bahn brach, wenn ich diesen Umschlag in die Hand nahm. Aber die Gefühle stellten sich nicht ein, so gesehen waren sie ohnehin nie ganz normal gewesen – allein die Existenz des Briefes grenzte an ein Wunder, er hatte alle möglichen Widrigkeiten überdauert. Wenn ich ihn anfasste, war mir jedes Mal heiß und schwindelig geworden, und nichts, was damit in Verbindung stand, konnte frisch und freiwillig sein. Aber plötzlich war all das weit weg, auf einmal, an diesem Nachmittag, stand der Brief für sich allein, ungestört, unberührt von der Panik und den Schuldzuweisungen, die ihn stets begleitet und vernebelt hatten. Ich nahm den Brief aus dem Umschlag und spürte, dass ich etwas lesen würde, was ich noch nie gelesen hatte.

Die Buchstaben waren klein und die Schrift fremd, die gesamte Formatierung wirkte irgendwie seltsam, aber ich wusste, das waren seine Worte, sie kamen direkt von ihm. Anders als früher stürzte ich mich nicht darauf, sondern las Satz für Satz, langsam und geduldig, ein Wort nach dem anderen, und alles ohne einen einzigen Ausrutscher. In der Folge erschienen die Zeilen ganz neu vor meinen Augen – und näher, viel näher. Näher als vor Jahren, als ich sie zum ersten Mal gelesen hatte. Als ich sie seinerzeit mit gierigen Augen verschlungen hatte, sprangen einzelne, unzusammenhängende Worte hervor und zwangen die dazwischenstehenden in den Hintergrund; es war, als stünde ich auf einem schmalen, hastig zusammengedübelten Ausguck über einer aufgeladenen, zerpflügten Wasserlandschaft. Jedes Mal sah ich schwarze Gewitterwolken aufziehen, riesige Phosphorwellen schlugen in die Höhe, und über das Tosen und elektrische Sirren hinweg rief mir eine feste, aber ferne Stimme etwas zu. Ich verstand sie nicht, ich hockte einfach nur heftig zitternd auf meinem kleinen Ausguck und fühlte mich hilflos, schuldig und böse, aus Gründen, die ich weder analysieren noch akzeptieren wollte. Aber jetzt, in der Einfahrt, in meinem gewagten neuen Pullover, konnte ich ihm endlich folgen.

Wort für Wort.

Schritt für Schritt.

Ich kam in direkten Kontakt mit seinem aufgewühlten Verstand, er fluchte, verkündete, nahm zurück, beichtete, schwadronierte und erschöpfte sich zuletzt. Etwas geschah mit ihm. Was ich in meinen Händen hielt, waren sprunghafte Überlegungen, hastige Notizen, die einem Ringen Ausdruck verleihen sollten, ein Liebesbrief mit der Absicht, in jede lasterhafte Lücke und jede abgeschmackte Kluft seines eigenen Unvermögens vorzudringen. So viel Aufhebens, so viel Energie – so viel von allem. Ich hielt inne und sah mich um, ich drehte sogar den Kopf, um auch das Gartentor in mein Blickfeld zu bekommen. Sicher war er hier irgendwo, es konnte nicht anders sein. Damals hatte ich mir von seinem Brief kunstfertig formulierte Gefühle erhofft, nicht die chaotische, wütende Ausarbeitung seiner eigenen Sehnsüchte und Schwächen. Und am Ende sind es ausgerechnet das besiegte Verlangen und die zerschmetterte, zerfetzte Hoffnung, die alle schwülstigen, nach Unendlichkeit strebenden Schwüre überdauern. Was ich in meinen Händen hielt, fühlte sich so lebendig an – unvorstellbar, dass es nicht hatte gedeihen können. Warum trat er nicht jetzt in diesem Moment zwischen den Bäumen hervor?

Ich nahm den Brief mit ins Haus, steckte ihn aber nicht wieder in die Clutch. Meiner Ansicht nach hatte er genug Zeit dort verbracht und einen anderen Platz verdient – obwohl ich mir nicht sicher bin, dass der neue Platz, an den ich ihn gelegt habe, der richtige ist. Der neue Platz ist vielleicht nicht perfekt, aber immer noch besser als die Clutch – ehrlich gesagt war ich es leid, den Brief in der Clutch zu wissen. Die Tasche ist hoffnungslos altmodisch, Gott weiß, woher ich sie habe, aus irgendeinem Secondhandladen wahrscheinlich; genau die richtige Tasche für Frauen, die in ihrem ganzen Leben nur einen einzigen Brief bekommen. Ich hingegen habe schon viele Briefe bekommen, ich bekomme mehr oder weniger ständig welche, immer schon. Briefe, Gedichte, Songs, Kassetten, auch kleine Porträtzeichnungen – ich besitze sogar einen Kieselstein, der in eine entzückend schamlose Nachricht eingewickelt ist. So etwas gefällt mir, es bringt mich immer wieder zum Staunen. Die Nachrichten und Steine sind kostbare Überreste von etwas, das wirklich passiert ist, egal wie kurz, egal wie unbeholfen, deswegen liegen sie alle in einer großen Kiste beisammen, Seite an Seite wie gebrannte Mandeln mit pastellfarbener Zuckerkruste, und die Schachtel ist mit einem silbernen Band verschnürt. Der entscheidende Unterschied: Wenn ein Brief sich auf etwas bezieht, das nie passiert ist und nie passieren kann, wird er keine Ruhe finden. Er wird seine Besitzerin bis in alle Zeit verfolgen, denn es gibt keinen passenden Ort dafür. Im Grunde weiß jeder, dass vor allem das, was nicht passiert ist, unser Leben prägt; diese Tatsache sollte man weder beschönigen noch bestreiten, denn ohne Enttäuschungen gäbe es wohl keinen Anlass zum Tagträumen mehr. Und Tagträume stellen mein ungetrübtes Verhältnis zu den Dingen wieder her, ich suhle mich in glühenden, ursprünglichen Visionen, bis ich wieder ganz ich selbst bin. Obwohl es also manchmal den Anschein hat, als müsste ich vor Enttäuschung sterben, gebe ich an dieser Stelle widerwillig zu, dass ich manchmal ausgerechnet von dem am Leben gehalten werde, was ich nicht bekommen konnte.

Manchmal stellte ich mir vor, wir wären in einer Höhle an der Küste und die Flut käme zu schnell heran. Oder wir sitzen auf einem großen Felsen oberhalb eines Sees, jeder hält seine Bierflasche locker in der Hand und zeigt auf die Wasseroberfläche, oder ans andere Ufer, mit dem Hals der Bierflasche, die er locker in der Hand hält. Immer öfter saßen wir in einem Auto und waren auf einer langen, geraden Straße unterwegs, zur Rechten lag ein Strand. Am Strand hielten sich jede Menge Menschen auf, alle waren unglaublich fit, sonnengebräunt und attraktiv auf eine fluoreszierende Weise – ich frage mich, ob wir in L.A. waren. Vielleicht waren wir gerade dabei, L.A. zu verlassen. Ja, das käme hin. Die Metallicsonne blendete so stark, dass ich kaum die Motorhaube des Wagens erkennen konnte. Es war wunderschön. Gelegentlich schaute ich auf seine Hände und seinen Schoß hinunter. Und auf seine Füße, genauer gesagt auf die Schnürsenkel seiner Schuhe – und da war es, der einzige Gedanke, ich konnte an nichts anderes mehr denken: Geschwindigkeit. Fuß runter, Fenster runter, direkte Sonneneinstrahlung, die ganze Zeit.

Wer weiß, worüber wir gesprochen haben; eigentlich kann ich mich an kein einziges Gespräch mit ihm erinnern. Außer an einem Tag. An einem Tag haben wir geredet, er war dabei, etwas zu beschreiben, und eines der ersten Wörter seiner Beschreibung war ein Begriff, dessen Bedeutung ich nicht kannte; und obwohl ich alle nachfolgenden Ausführungen verstand, wollte sich vor meinem geistigen Auge kein Bild ergeben, weil ein einziges, wichtiges Detail fehlte. Ich wurde verlegen und nervös, denn in meinem Kopf setzte sich dennoch etwas zusammen, etwas Falsches. Der Gedanke an falsche Bilder war mir aber unerträglich, weil ich wusste, dass ich nur wenige Erinnerungen an ihn haben würde.

Diese wenigen Erinnerungen mussten unbedingt klar und deutlich sein. Was bedeutet das?, fragte ich. Was bedeutet was?, fragte er. Freitragend, sagte ich. Freitragend, wiederholte er. Ja, sagte ich, ich weiß nicht so genau, was das bedeutet. Er erklärte mir die Bedeutung von freitragend, doch anscheinend war ich immer noch sichtlich verwirrt, denn er streckte eine Hand aus und schmiegte sie flach auf meine, sodass meine Fingerspitzen von unten in die winzigen Kuhlen seiner langen Fingerglieder rutschten, und auf einmal passte alles zusammen. Das, sagte er, das ist freitragend. Und das Bild, das sich nun ergab, zeigte mir unverblümt das Leben, das er führte, und auch meine Hoffnungslosigkeit, jemals ein Teil davon zu sein. Dennoch, ich habe den Moment geliebt. Freitragend. Freitragend. Ich liebe, wie er das Wort ausgesprochen hat. Freitragend. Ich werde es nie wieder hören und höre es ständig.

O Tomatenmark!

O Tomatenmark! Als du mir endlich einfällst, denke ich an etwas Üppiges, Frisches, Spritziges. Aber ach, als ich die Tür öffne und nach dir greifen will, stehst du knittrig und kalt im Licht der Kühlschranklampe da, und obwohl du längst noch nicht abgelaufen bist, musst du mit viel Nachdruck herausgepresst werden.

O Tomatenmark – lass dich ausbreiten, ich will deine starren Runzeln und Falten glatt schlagen! Und deine geteilte Substanz wieder einen, damit du die Überreste deiner früheren Fülle zusammenziehen und dich erneut zeigen kannst, in all deiner kitschigen, konzentrierten Pracht.

Morgen, 1908

Weil er es mir geraten hatte und der Rat mir auf Anhieb vernünftig erschienen war, geradezu offensichtlich, füllte ich ein Glas mit Leitungswasser und nippte daran. Wahrscheinlich hatte er sich vorgestellt, dass ich das ganze Glas trinke, aber ein ganzes Glas schaffte ich nicht, noch nicht. Die kleine Menge, die ich runterbekam, war dennoch sehr erfrischend, in der Tat belebend; der Taumel und das Kribbeln, das seit dem Aufstehen in meinen Gelenken geprickelt hatte, verflogen mehr oder weniger sofort nach dem ersten Schluck. Danach, als ich mich wieder einigermaßen orientieren konnte, nahm ich die lange, dünne Jacke von der Garderobe und riss dabei versehentlich einen Lederstiefel aus dem Regal. Ich zog die Jacke über Nachthemd und Morgenmantel. Niemand wird mich sehen, dachte ich, warf dann aber doch einen Blick in den Spiegel neben der Tür und stellte überrascht fest, dass die drei Kleidungsstücke in dieser Kombination ziemlich gut aussahen, sehr gut sogar. Kurz überlegte ich, ob sie sich nicht auch in der Öffentlichkeit tragen ließen, samstags zum Beispiel, wenn ich in der Stadt einkaufen gehe. Ich gelangte aber schnell zu dem Schluss, dass ich, um mich in dem Outfit wirklich wohlzufühlen, nach Frankreich umsiedeln müsste.

Dies ist meine liebste Tageszeit für einen langsamen, kurzen Spaziergang. Zu dieser Tageszeit neigt mein Verstand am wenigsten zu Übertreibung und Spekulation. Die Zeit, nach der es nichts mehr zu tun gibt. Dennoch hatte ich an den Abend keine großen Erwartungen – warum, weiß ich auch nicht. Möglicherweise, weil ich eins nach dem anderen tat und sich große Erwartungen auf diese Weise nur schwerlich einstellen. Nach draußen wollte ich überhaupt nur, um erstens unverbrauchte Luft zu atmen und zweitens meinen Körper einer kleinen Anstrengung auszusetzen, wie leicht und sanft auch immer. Anspruchslose Maßnahmen zur Wiederherstellung meines körperlichen Wohlbefindens hatten oberste Priorität – ich war kein bisschen darauf aus, meine Gedanken zu ordnen oder mein emotionales Gleichgewicht wiederzufinden. Dabei habe ich mich, ehrlich gesagt, meiner direkten Umgebung in der letzten Zeit ungewöhnlich entfremdet gefühlt. Das Wetter war in diesem Sommer so unfreundlich, dass ich mir vor lauter Enttäuschung angewöhnt habe, seine deprimierende Sprunghaftigkeit mit verächtlichen Phrasen zu belegen, die meine Verachtung zum Ausdruck bringen und gleichzeitig zu abgedroschen sind, um meine Gleichgültigkeit gegenüber dem Wetter ernstlich zu gefährden. Es hört einfach nicht auf. Dort, wo die Bäume am dichtesten stehen, könnte man selbst lange nach Ende eines Gusses meinen, es regnete noch. In Wahrheit hört man nur die zurückgehaltenen Regentropfen von einem Blatt auf das andere und so weiter abwärts kullern, von Blatt zu Blatt zu Blatt, bis sie schließlich vom letzten Blatt zu Boden fallen.

Einfach unglaublich. Wenigstens kam es mir so vor, als ich draußen war und den Vorgang belauschte. Ich sah winzige Tropfen, besser gesagt Tröpfchen, die sich überschwänglich und trotzdem in gleichmäßigen Abständen an die zarten Halme einer besonders schönen Grassorte hefteten, und in ihrer Gesamtheit erinnerten die Büschel an einen heruntergefallenen Kronleuchter, der kopfüber den Abhang hinunterschießt. Kurze Zeit später stand ich eine Weile vor einem der Weidegatter herum, genauer gesagt vor dem Gatter, durch das ich immer gehe. Meistens bläst hier oben ein Wind, der unabhängig von seiner grundsätzlichen Richtung einen Ton erzeugt. Der Ton ist immer derselbe. Ihn zufällig beim Hindurchgehen zu hören, macht mir gar nichts aus, dennoch würde er, da bin ich mir sicher, einen leichten Wahnsinn auslösen, wäre man ihm längere Zeit ausgesetzt. Aber obwohl das Tor heute seltsam stumm blieb, kann ich die Zeit, die ich dort stand, nicht unbedingt als friedlich bezeichnen.

Dass Autos die Straße heraufkommen, bin ich gewöhnt. Das kenne ich. Manchmal – wenn auch seltener – fahren sie bergab, und auch das kann mich nicht überraschen. In beiden Fällen trete ich zurück und weiche ins hohe Gras aus. Er hebt bei der Gelegenheit die Hand und grüßt den Fahrer, ich hingegen grüße nie – ich weiß nicht, warum, obwohl ich es natürlich doch weiß. Wenn ich allein unterwegs bin, grüße ich ebenfalls nie, auch wenn ich die Hand dann aus einem völlig anderen Grund nicht hebe. Vielleicht, weil es einer Art Verrat gleichkäme, etwas zu tun, was ich in seiner Gegenwart unterlasse.

Ich weiß es nicht, abgesehen davon wäre es sinnlos, derlei Marotten ausgerechnet jetzt analysieren zu wollen. Wie dem auch sei, kein Auto fuhr vorbei. Kein einziges, aus keiner Richtung. Von einem Auto überholt zu werden, bin ich gewöhnt; auf der Straße einem jungen Mann zu begegnen, ist hingegen alles andere als normal. Als ich da vor dem Gatter stand, kam nicht etwas Vertrautes die Straße herauf, sondern das Gegenteil davon, ein junger Mann nämlich, zu Fuß und mit über den Kopf gezogener Kapuze. So etwas war mir hier noch nie passiert – ich sah ihn und wollte meinen Augen nicht trauen. Ich sah den jungen Mann und wurde unruhig. Der höchst beängstigende Anblick versetzte mein Blut und meine Organe in wallende Unordnung, und schon im nächsten Moment hatten sich meine ohnehin schon geringen Erwartungen an den Abend vollständig verflüchtigt. Gleichzeitig fühlte es sich nicht an, als käme die Angst aus mir selbst heraus, es war so, als halte das Gefühl sich an einen rätselhaften, mir von außen aufgezwungenen Plan. Nein, es gehörte nicht so recht zu mir, ehrlich gesagt gehörte es nicht einmal zu dieser Situation, denn während der junge Mann sich näherte, schwoll es wider Erwarten nicht an, sondern blieb konstant. Daraus leitete ich ab, dass meine plötzliche, alles durchdringende Angst wahrscheinlich nicht allein durch das unverhoffte Erscheinen des jungen Mannes ausgelöst worden war.

Ich stützte die Ellenbogen auf das Gatter, schob mir die Hände hinter die Ohren und die Finger ins Haar. Ich zwang meine Muskeln und Sehnen in eine Pose, schaffte es allerdings nicht, mich bequem darin einzurichten. Ich hatte ursprünglich gehofft, die Pose könnte so etwas wie meine unantastbare Entrücktheit signalisieren und mich im Idealfall sogar unsichtbar machen, eine absurde Vorstellung, die alsbald von der furchtbaren Erkenntnis zermalmt wurde, dass ich in Wahrheit so schutzlos und ausgeliefert wirken musste wie eine von der Erde verstoßene Wühlmaus. Weil ich diese nicht ganz unbekannte, aber gesteigerte Panik weder unterdrücken noch verbergen konnte, versuchte ich, sie in die Irre zu führen, indem ich mir sagte, dass das Schlimmste, was mir jetzt passieren könnte, in der Realität möglicherweise gar nicht so höllisch und brutal ausfallen würde wie in meiner maßlosen Fantasie. Wäre es, falls es – also, das – jetzt passierte, wirklich so schlimm? Wäre es wirklich eine weltbewegende, schändliche Kränkung? Vielleicht wäre es ganz im Gegenteil eine Wohltat, ohne böse Hintergedanken, so wie bei den Hunden? Ich blickte in eine möglichst weite Ferne, und nach einer Weile blinden Starrens kam mir in den Sinn, dass ich mir wahrscheinlich in die Hose pinkeln würde. Es stand mehr oder weniger jetzt schon fest und machte mir wirklich Sorgen. Die Wahrscheinlichkeit, dass ich mich – nicht danach, sondern währenddessen – einnässen würde, machte mir Sorgen. Es würde unvermeidlich sein, zum einen aufgrund des vielen Regenwassers, das als schmales, gewundenes Rinnsal neben der Straße dahinplätscherte und auf das ich immerzu würde starren müssen. Und zum anderen, weil meine Blase jetzt schon übervoll war – vor dem Hinausgehen hatte ich zwar nur einen Schluck Wasser hinunterbekommen, doch im Laufe des Nachmittags eine ganze Kanne Ingwertee getrunken.

Kann dir doch egal sein, dachte ich, wenn du ihn währenddessen anpinkelst. Er hätte es nicht besser verdient! Doch das half mir nicht wirklich weiter; der Gedanke, in seiner Gegenwart zu urinieren, war mir einfach zu unangenehm, aus Gründen, mit denen ich mich in dem Moment nicht auseinandersetzen wollte. Während er immer näher kam, sah ich mich durch seine Augen – die schäbigen Robbenfellstiefel, das kirschrote Schneeflockenmuster am Bund der dicken Norwegersocken, die dünne Spitzenborte des Nachthemds. Mein nasses, ungekämmtes Haar. Natürlich passierte nichts. Ich stand am Gatter, ein junger Mann ging vorüber. Das war alles.

Sofort danach begannen die Kühe, sich mir gegenüber eigenartig zu benehmen. Als ich an das Gatter getreten war, eine ganze Weile vor Erscheinen des jungen Mannes, hatten die Kühe sich zackzack in eine Senke auf der linken Seite der Weide verzogen. Das war nicht weiter ungewöhnlich, und ich dachte mir zunächst nichts dabei. Ich erwähne es jetzt nur, um einen Eindruck von Stimmung und Standort der Herde zu vermitteln und ihr nachfolgendes, recht undurchsichtiges Verhalten anschaulicher zu machen. Dass die Kühe Vorbehalte gegen meine Anwesenheit hatten, machte mir gar nichts aus, sie erinnerten mich allerhöchstens an einen Fischschwarm, als sie, mit jeweils einem Auge glotzend, an mir vorüberzogen. Mir war es sogar ganz lieb, dass sie sich weiter entfernten und ich somit die Herde besser im Blick behalten konnte. Doch die Verschnaufpause dauerte nicht lange. Kurz nachdem der junge Mann vorübergegangen war und ich die Ellenbogen vom Gatter genommen hatte, rückten die Kühe dichter zusammen und schauten zu mir herauf, und zwar alle mit demselben Ausdruck. Ich fragte mich, was genau sie sahen, und rührte mich nicht vom Fleck. Die Zeit strich an mir vorbei, und dann schwankten die Kühe ganz leicht und traten einen Schritt vor, und alle betrachteten mich immer noch mit demselben Ausdruck.

Die Kühe hielten inne und begannen abermals zu schwanken, immer wieder und im selben Rhythmus, und obwohl ich mich, während sie näher rückten, zunehmend als Außenseiterin fühlte, schaffte ich es irgendwie, meinen Platz am Gatter zu verteidigen. Keine Sekunde wandten sie die Augen von mir ab, es war ein stetiger Zusammenfluss der Blicke, und wieder musste ich mich fragen, was sie wohl sahen. Als sie schon recht nah bei mir waren, franste der Zusammenschluss auseinander – manche wandten sich misstrauisch ab, andere trotteten stumpf hinterher, und mindestens eine strahlte jenen unbändigen Übermut aus, wie ihn unqualifizierte Neugier in einzelnen Exemplaren einer jeden Spezies hervorbringt. Ich muss zugeben, dass der gesamte Vorgang mich auf eine Weise verstörte, die ich weder beschreiben noch einordnen konnte. Wussten die Tiere etwas? Worauf warteten sie? Was genau wollten sie von mir? Die aberwitzige Spannung hielt an, und mir fehlte der Durchblick, trotzdem war mir vage bewusst, dass hier irgendetwas vor sich ging; ich blieb stehen und harrte aus, bis die übermütige Kuh ihre Nüstern durchs Gatter schob und einen langen, feuchtwarmen Atemzug auf meine Handrücken blies. Ab jetzt gab es nichts mehr zu tun. Was immer auch passiert war, ging zu Ende, und ich wich vielleicht nicht gerade feierlich, aber mit dem gebotenen Ernst vom Gatter zurück. Ich trat zwischen die parallelen Ränder der schmalen Straße, fuhr mir kurz mit den Händen durchs Haar und setzte meinen Weg bergan fort.

Nach diesem gewissermaßen übersinnlichen Duell mit den Kühen sehnte ich mich anscheinend nach weitläufigeren, unpersönlicheren Eindrücken, denn ich begann, den Blick ausgiebig schweifen zu lassen. Er hätte noch weit über das vertraute Panorama hinausgereicht, das sich von meinem Standpunkt aus eröffnete, wäre er nicht an der Gestalt des jungen Mannes hängen geblieben, der nun unter dem Mast auf der Hügelkuppe stand und nach Nordwesten schaute. Sein Kopf war jetzt unbedeckt.

Diesmal blieb mir kaum Zeit, mich zu ängstigen, denn fast im selben Moment sah ich eine dünne Rauchfahne aus seinem Mund aufsteigen, was nahelegte, dass eine ihm nahestehende Person – seine Freundin vielleicht oder sein Vater, ich konnte mich nicht entscheiden – ihn mit frischem Kummer belastet hatte, der noch jahrelang andauern würde. Diese ernüchternde Erkenntnis machte den jungen Mann auf Anhieb menschlicher, und so setzte ich meinen Aufstieg mit runderneuertem, fast unbeschädigtem Gleichmut und zuverlässig abgeschottetem Unbewussten fort. Hinter der nächsten Biegung befand die Luft sich noch mitten im Anpassungsprozess an atmosphärische Veränderungen, jenseits der Maumturks ging die Sonne unter. Recht unspektakulär übrigens; nur langsam und in winzigen, kaum merklichen Schritten eignete der Himmel sich die gebieterische Schönheit und das zwielichtige Schimmern einer neuen, namenlosen Welt an. Kurz darauf fand ich mich vor einem weiteren Gatter wieder, doch diesem näherte ich mich nicht. Ich hatte keinen Grund mehr. Keinen Grund, die Ellenbogen aufzustützen und meine Hände in meinem Haaransatz verschwinden zu lassen.

Jeder hat schon einmal einen Sonnenuntergang gesehen; ich werde an dieser Stelle nicht versuchen, die visuellen Besonderheiten dieses bestimmten zu beschreiben. Genauso wenig werde ich berichten, was mir durch den Kopf schoss, als die Flugbahn der Erde sich so entwaffnend unverhohlen zeigte. Meine Gedanken waren eigenartig und doch innig vertraut. Ich nahm Eindrücke von etwas wahr, das ich womöglich niemals selbst erlebt hatte; mitgeschleppte Erinnerungen, die sich eingeschlichen und eingenistet hatten und nun in mir und durch mich lebten. Keine davon war verwirrend oder erniedrigend, nicht andeutungsweise, ich stand immer noch ziemlich genau dort am Gatter. Nach einer Weile hörte ich die Schritte des jungen Mannes auf dem Weg, der mehr oder weniger unmittelbar vom Mast zu einem Tor in der angrenzenden Steinmauer führt. Ich drehte mich nicht um, lauschte aber angespannt; offenbar wartete ich auf das Scharren des Riegels, denn ich war nicht ganz überzeugt, dass der junge Mann das Tor hinter sich schließen, nach rechts gehen und bergab steigen würde, in die andere Richtung.

Ich schaute zu den Bäumen hinüber, die sich langsam schwärzten, ich betrachtete den Schlamm und das Regenwasser, das leicht zitternd in seinen Vertiefungen stand, da, direkt vor meinen Stiefeln, und dann trat ich einen kleinen Schritt vor und legte meine Arme auf das Gatter. So sei es, dachte ich. Soll er zu dir kommen. Möglicherweise hast du, trotz deiner Gefühlslage heute Abend, nur aus diesem Grund das Haus verlassen, mit nichts als einem Nachthemd unter der langen, dünnen Jacke. Am Ende ist es genau das, was du jetzt brauchst. Soll er auf diesem Weg kommen. Plötzlich konnte ich mir problemlos eingestehen, dass das Entsetzen und der Widerwillen, die ich beim Anblick des jungen Mannes auf der Straße gespürt hatte, nicht durch meine Angst vor ihm bedingt waren, sondern durch mein eigenes verqueres Verlangen. Und nun hatten das Entsetzen und der Widerwillen sich mehr oder weniger gelegt, zusammen mit aller fleischlichen Zurückhaltung. Am Ende, dachte ich, wird es sich anfühlen wie das Normalste von der Welt.

Die schwarzen Bäume

Die sinkende Kugel

Die feuchte Kuhnase

Der gefallene Kronleuchter

Der dünne Spitzensaum

Mein nasses, ungekämmtes Haar

Allesamt greifbare, sich ergänzende Komponenten eines seit Urzeiten abgespulten Gewaltprogramms, dem meine dämmernde Unterwerfung möglicherweise einen erfüllenden Schlusspunkt setzen würde. Zum Spielball dieser allumfassenden, unstillbaren Gier zu werden, kann schließlich jedem passieren. Wer weiß, was in dem Moment über mich kam – immerhin war ich nicht ganz gesund, meine Abwehr geschwächt, ich stand neben mir; oder vielleicht stand ich mehr denn je zu mir. Vielleicht war ich endlich auf meine geheimsten, stürmischsten Wünsche reduziert; durchsichtig und durchschaut, dort am Gatter. Auf dem Weg zum Mast begegnete ich meinem wahren Körper, zügellos und willig – ich sah ihn deutlich vor mir, seinen Hang zum Übersinnlichen, und er zitterte nicht vor Angst, sondern vor Entzücken. Lasterhaft, liederlich. Ich hörte das Scharren des Riegels, der angehoben wurde und wieder hinunterfiel, irgendwo erschlaffte etwas, nichts kam nach. Das Tor war zu, der junge Mann ging nach rechts und stieg den Hügel hinab, in die andere Richtung; Kapuze über dem Kopf, Hände in den Taschen. Auf einmal erschien der poröse Mond, schwach glimmend wie Kalkstaub, ein Ausgestoßener. Einen Augenblick lang geriet alles in ein schreckliches Stocken, meine aufgerissenen Augen klafften kalt und riesig – und dann glitt es zurück in eine ausufernde Beweglichkeit, und mir blieb nichts als ein bedrückendes, brennendes Gefühl der Entsagung.

Ferne Emotionen eigentlich, kaum die meinen – nichts, was man persönlich nehmen müsste. Was immer sich mir eben noch so nachdrücklich aufgedrängt hatte, wehte verlegen davon, der gewohnte Lauf der Dinge setzte wieder ein. Ehrlich gesagt war mir ziemlich kalt. Weiter bergab kam ich wieder an dem Gatter vorbei, die Kühe standen immer noch dahinter. Ich verlangsamte meine Schritte und dachte an Jesus, warum, weiß ich auch nicht. Vielleicht glaubt ihr, ich wäre Jesus, sagte ich und schaute zu den Fenstern eines Nachbarhauses hinüber. Jemand machte Licht. Da waren Schalen mit Kakteen auf dem Fensterbrett. Kurz darauf stand ich vor meinem Haus und bewunderte die grüne Tür, die tief in die Mauern eingelassenen Fenster. An einem so hübschen Ort zu leben, dachte ich, stell dir das mal vor. Ich ging hinein, stieg aus den nassen Stiefeln, trat an den Schreibtisch und fing an, in einem Buch mit Fotografien von Clarence H. White zu blättern, ganz langsam.

Mit bloßen Händen

Als der Freund, der ganz in der Nähe wohnt, meinen Namen rief, war ich wieder draußen auf den Steinstufen, dieses Mal, um den am selben Tag gekauften Einweggrill zu der Felsnische hochzutragen. Ich war mir ziemlich sicher, dass er mich nicht sofort entdecken würde. Von einem anderen Menschen gesucht zu werden, erzeugt einen ganz sachten Druck aufs Herz und ist wahrscheinlich eines meiner Lieblingsgefühle; ich wollte zuschauen, wie er sein Fahrrad an meines lehnt, das an der üblichen Stelle stand, und dann im Haus verschwindet, wo er mich natürlich nicht gefunden hätte. Doch dann entdeckte er mich sofort, genau genommen noch bevor er vom Rad gestiegen war, was natürlich alles verdarb. Ich hatte nicht damit gerechnet und war entsprechend überrascht, was ich verbarg, indem ich den Einweggrill in die Höhe hielt, direkt vor mein Gesicht; ein eigentümlicher Reflex, an dem ich mich wohl festhalten wollte. Was tust du da?, fragte er. Ich bringe den Grill weg, sagte ich, und genau das tat ich dann auch.

Er folgte mir über die Steinstufen und setzte sich neben die Felsnische, in die ich den Einweggrill stellte. Wir sprachen kein Wort, vielleicht, weil ich den Grill am Telefon erwähnt hatte und mein Freund bereits wusste, dass es nichts zum Daraufflegen gab; folglich hatten wir wenig zu besprechen. Er sagte, er habe die Schnauze voll, oder irgendetwas in der Art, und ich sagte, mir gehe es genauso. Er schob es hauptsächlich auf das Wetter, das sich seit zwei Wochen nicht verändert hatte; ich schob es eher auf unser Leben, das schon viel länger mehr oder weniger dasselbe war. Ehrlich gesagt mache ich mir solche Gedanken nur ungern, weil ich nie mit Sicherheit weiß, woher sie eigentlich kommen; abgesehen davon hatte ich auf das Thema keine Lust, und wäre es trotzdem zur Sprache gekommen, hätte keiner von uns beiden etwas davon gehabt. Eine Zeit lang beobachteten wir eine riesige Libelle, der man, weil sie so groß und schillernd war, mühelos mit Blicken folgen konnte. Ich hatte praktisch schon zwischen ihren Jugendstilflügeln Platz genommen, als mein Freund mich um einen Kaffee bat, was völlig in Ordnung ging; weg war ich. Er trank den Kaffee drinnen, im Haus. Ich lehnte währenddessen eher mürrisch am Fenster – für Kaffee war es mir eigentlich schon zu spät – und lenkte mich ab, indem ich mit krummen Fingern die Wand zerkratzte und ihm gelegentlich einen schiefen Blick zuwarf. Er fragte, ob ich Warmwasser hätte, und ich antwortete, das wisse ich nicht genau, höchstwahrscheinlich schon. Seine Dusche war immer noch nicht repariert worden, was mich kein bisschen verwunderte, immerhin hatte er dem Vermieter beim letzten Mal, als kein heißes Wasser kam, auch nicht Bescheid gesagt. Ich weiß gar nicht, was passiert wäre, wenn er nicht den Unfall gehabt und ich mich in der Folge um alles gekümmert hätte, unter anderem auch darum, dem Vermieter zu sagen, dass die Dusche kaputt war und mein Freund ein neues Bettsofa brauchte, weil das alte durchgelegen war und vollkommen ungeeignet für einen Menschen, der sich von einem Oberschenkelbruch erholen sollte. Schalte den Boiler ein, sagte er, was ich zunächst auch tat; aber dann schaltete ich ihn aus und ein und dann wieder aus. Ich legte immer wieder den Schalter um, ein und aus, ein und aus, ein und dasselbe, und dann hielt ich inne und sagte, jetzt weißt du nicht, ob er eingeschaltet ist oder aus, was?, und er lachte. Ein, sagte er, und er hatte recht.

Während mein Freund zufrieden unter der Dusche stand, trug ich die Schüssel zur Biotonne und erwärmte mich am Anblick meines einsamen Oberbetts, das im Schatten an der Wäscheleine hing. Die Biotonne füllte sich stetig, im Gegensatz zu früher konnte ich keinen gründlichen Blick hineinwerfen, weil es da drinnen inzwischen sehr lebhaft zuging. Da waren zu viele Fliegen. Eines Tages wird die Tonne so überbevölkert sein, dass ich keine Lust mehr haben werde, auch nur den Deckel anzuheben. Auf dem Rückweg stellte ich die leere Schüssel auf die Bank am Teich und setzte mich daneben. Ich hätte sie besser festgehalten; nach einer Weile musste ich sie auf die Knie nehmen, weil es sich zu seltsam anfühlte, neben einer Schüssel zu sitzen. Fast hätte ich sie angesehen und mich nach ihrem Befinden erkundigt. Neben dem Teich lag eine alte Decke meiner Nachbarin, genau dort, wo das Gras endet und die kleinen Steinchen anfangen, Kies wahrscheinlich, wobei Kies zum Knirschen und Verrutschen neigt und diese kleinen, eingebetteten Steinchen keinen Laut von sich geben, wenn man sie betritt. Offenbar liegt die Decke meiner Nachbarin schon länger auf dem Boden und immer wieder auch im Regen, denn die Steinchen sind praktisch damit verwoben; an manchen Stellen lässt sich kaum noch zwischen den Steinchen und dem groben, verfilzten Gewebe unterscheiden, das da liegt wie ein abgeworfener Reptilienpanzer. Ehrlich gesagt fand ich den Anblick gruselig, auf der Bank zu sitzen war sinnlos und würde es auch nicht besser machen, also nahm ich die Schüssel und schlug den Rückweg zum Haus ein. Auf einmal hatte ich das Gefühl, es gäbe hier für mich nichts mehr zu sehen. Auf den Stufen der Treppe, die zum Tor und dem auf einem Pfeiler hockenden Briefkasten führt, lag das Laub vom letzten Herbst. Ich weiß nicht, wie oft die Schwester meiner Vermieterin mich schon darauf angesprochen hat.

Sie hat recht; ich rühre hier kaum einen Finger. Jeder vernünftige Mensch mit Zugang zu so viel Land hätte sofort angefangen, eine beeindruckende Gemüsevielfalt anzubauen. Wenn ich nicht so faul wäre, könnte ich mich mehrere Monate im Jahr von gesunden, selbst geernteten Naturprodukten ernähren. Der Gedanke kommt mir freilich oft, im Frühling hat der Supermarkt Hobbygärtnersets im Angebot, sie stehen in den Regalen gleich neben den Automatiktüren und sind eigentlich nicht zu übersehen. Doch aus seltsamem Grund schrecken die Sets mich eher ab, als dass sie mich reizen würden. Die Schrift auf dem Etikett ist übertrieben fröhlich und die Verpackung so künstlich, dass ich mir unmöglich vorstellen kann, wie daraus etwas Natürliches oder Nachhaltiges wachsen soll. Mehr als ein Mal habe ich das Einsteigerset schon in meinen Korb gelegt, aber dann bekomme ich Zweifel, ob sich die Mühe auch lohnt, und noch vor dem Erreichen der Molkereiabteilung sinkt meine Begeisterung auf null, und so nehme ich das Set wieder heraus und lege es unauffällig zwischen gut ausgeleuchteten Käsespezialitäten ab, zugegebenermaßen kein feiner Zug.

Kein Unkrautjäten, kein Heckenschneiden und sehr wenig Harken; was die Pflege der Außenflächen betrifft, bin ich wirklich ein unverbesserlicher kleiner Faulpelz. Dann wiederum waren die Reetdachdecker hier und haben wirklich ein Chaos hinterlassen, ständig habe ich das von ihnen verwendete Material, Stroh oder Schilf oder was auch immer, an meinen Schuhen ins Haus getragen. Irgendwann war ich so sauer, dass ich nicht mehr anders konnte, als hinauszugehen und die gröbste Unordnung zu beseitigen. Meine hartnäckige Trägheit war übrigens berechtigt und in erster Linie Ausdruck meiner Enttäuschung. Die Dachdecker waren nämlich ausgerechnet zu dem Zeitpunkt aufgetaucht, als ich angefangen hatte, die Badezimmerwände zu streichen, ursprünglich waren sie dunkelgrün und so porös gewesen, dass sie nachts vor meinen Augen zu zerbröseln schienen. Manchmal kam es mir vor, als könnte ich meine Hände und Arme und den ganzen Rest hindurchschieben und an einen fremden Ort gelangen, wo man zum Überleben kleine, spitze Stichwaffen und einen ordentlichen Brocken Zauberkäse braucht. Tagsüber jedoch, nach dem Duschen, wenn das Kondenswasser an den Wänden hinunterlief, sah die Sache anders aus. Dann verwandelte sich das kleine Badezimmer in ein schmatzendes Sumpfloch, und mehr als einmal kam mir der Verdacht, auf den nassglänzenden Deckenbalken könnten Molche, Frösche und dickbäuchige Spinnen hocken und meine tropfende Nacktheit beobachten. Das Gelb, das ich ausgewählt hatte, um den Raum optisch zu vergrößern, war in der Tat sehr schön, ich würde von Renaissancegelb sprechen, oder, wenn das besser gefällt, von Matadorengelb. Ich zeigte meiner Vermieterin eine Farbkarte, die sie sogleich in ihrer neuen Handtasche verstaute, um sie später ihrer Schwester zu zeigen, der es in letzter Zeit nicht so gut ging; beide waren von der Farbe sehr angetan. Stellen Sie sich mal vor, wie dieses Gelb zusammen mit den dunkelgrauen Kacheln wirken wird, sagte ich, und sie pflichtete mir bei, in der Tat würde das Gelb neben den schiefergrauen Kacheln sehr edel aussehen. Ich hatte einen riesigen Eimer davon gekauft, die richtige Entscheidung, wie sich bald herausstellte, denn am Ende musste ich die Farbe in endlos vielen Schichten auftragen, um das Grün, von dem ich nicht einmal mehr einen Hauch sehen wollte, zu überdecken. Anscheinend war es fest entschlossen, durchzuschimmern und das Gelb auf eine gehässige Weise zu sabotieren beziehungsweise rustikal, wenn nicht gar psychedelisch aussehen zu lassen, was natürlich überhaupt nicht dem von mir beabsichtigten Effekt entsprach.

Wie zu erwarten gewesen war, zog sich die Arbeit im Badezimmer etwa zwei Wochen hin – möglicherweise sogar noch länger als zwei Wochen, denn bevor alles fertig wurde, verreiste ich für ein paar Tage. Wegen der Geruchsbelastung ließ ich das Fenster während der Arbeit natürlich offen stehen, was bedeutete, dass ich die Dachdecker ständig im Blick hatte, ohne selbst von ihnen bemerkt zu werden. Oft sah ich sie zu der jungen Frau hinüberglotzen, die seinerzeit das Haupthaus bewohnte. Ihre dreckigen Zoten überraschten mich kein bisschen, aber das Theater, das meine Nachbarn um die Dachdecker veranstalteten, fand ich wirklich übertrieben und weltfremd. Alle fünf Minuten kam jemand heraus, um sie zu fotografieren oder ihnen mit beiden Händen riesige Teebecher zu überreichen, gerade so, als wären sie mächtige Stammesfürsten einer vergangenen Ära. Ich verstehe nicht, warum die Leute alle Handwerker, die mit Naturmaterialien und nach traditioneller Methode arbeiten, automatisch für rechtschaffene, bodenständige und besonders feinsinnige Menschen halten. Soweit ich es beurteilen konnte, litten diese beiden unter einer schmutzigen Fantasie, wobei ich anscheinend die Einzige war, die etwas davon bemerkte, was ich interessant fand, schließlich unterhielten die Männer sich den ganzen Tag auf Irisch und ich war strenggenommen die Einzige, die kein Wort davon verstand. Eines Nachmittags klopften sie zusammen mit meiner Vermieterin an die Tür, um sich die Dachbalken meines Hauses anzusehen, die angeblich in einem sehr schlechten Zustand waren und dringend ersetzt werden mussten. Nach einer Weile drehte die Vermieterin sich zu mir um und fragte, wie es um mein Irisch bestellt sei, woraufhin die Dachdecker zu grinsen und zu kichern anfingen. Nun ja, sagte ich, lustig, dass Sie mich das fragen, ehrlich gesagt verstehe ich eine ganze Menge. Wirklich?, sagte sie, und das triumphierende Kichern der Männer verstummte abrupt. Was für einen Unsinn reden die beiden denn?, fragte die Vermieterin. Oh, das kann ich auf keinen Fall wiederholen, sagte ich, es wäre zu peinlich, besonders dieser Kollege hier hat es faustdick hinter den Ohren, sagte ich und nickte in Richtung des Kleineren. Er wurde rot und ließ die Schultern hängen, und da wusste ich, er war so was von schuldig. Die Dachdecker schlurften durch die engen Räume, klopften die morschen Balken ab und gafften dabei unentwegt nach oben, als stünden sie zwischen den Beinen einer Giraffe. Doch alles in allem hatte ich mit den Dachdeckern wenig zu tun – hoffentlich wisst ihr, was ihr da macht, rief ich manchmal hinauf, was den Großen freute und den Kleinen eher verwirrte. Letztendlich war ich aber nicht vom hemdsärmeligen Auftreten oder den dreckigen Zoten der Dachdecker so enttäuscht; nein, der echte Reinfall bestand in der Herkunft des Materials, mit dem sie das Reetdach ausbesserten.

Das Reet lag in großen, schweren, wunderbar rundlichen Bündeln in der Einfahrt herum, und zum Feierabend breiteten die Dachdecker eine Plane darüber, damit es über Nacht schön trocken blieb. Ich hatte mir überlegt, dass das Reet ganz aus der Nähe stammen musste, wahrscheinlich vom Ufer des Shannon. Ehrlich gesagt gefiel mir der Gedanke sehr. Ich stellte mir die kleinen Fische vor, die zwischen dem Schilf hindurchgeschwommen waren und hier und da an den Wurzeln gezupft hatten. Und auch die größeren Fische, Hechte beispielsweise, die in der Tiefe vorbeischossen und das Rohr in nervöse Schwingungen versetzten, die noch im Umkreis von Meilen zu bemerken waren. Und aufgeregte, pausenlos glucksende Blesshühner, die sich in Strudeln drehten, die sie selbst angerührt hatten, und hitzige Moorhühner, die im Zickzack hin und her flitzten. Ich sah die Nester einer kleinen Schwanenflotte, üppig gefüllt mit marmorierten Eiern, und einen feingliedrigen, heimtückischen Fischreiher in seiner eigenen Welt. Ich dachte an Schlittschuhläufer und Mücken, Binnenschiffer, Libellen, Schnecken und jede Menge Laich, und an alles, was da sonst noch im flüsternden Schilf sein Schindluder trieb. Ist das

Schilf?, fragte ich den Größeren eines Tages. Ja, sagte er. Woher?, fragte ich. Aus der Türkei, sagte er. Aus der Türkei?, fragte ich. Genau, sagte er. Wie kann das sein?, fragte ich. Ist billiger, sagte er. Wirklich?, fragte ich, denn offen gestanden wollte ich meinen Ohren nicht trauen. Selbst einige Zeit später, genauer gesagt Wochen danach, waren meine Zweifel nicht beseitigt. Ich begann zu recherchieren und fand recht schnell heraus, dass der Shannon und seine vielen Nebenflüsse bis vor zwanzig Jahren tatsächlich eine Hauptquelle für Schilf gewesen waren, doch die inzwischen weitverbreiteten modernen Ackerbaumethoden erfordern den Einsatz von Düngemitteln, die durch reichlichen Regen von den Feldern geschwemmt werden und die Gewässer verseuchen. Das Nitrat zwingt das Schilf, schnell und hoch zu wachsen, zu schnell und zu hoch allerdings, sodass es spröde und unbrauchbar ist und auf einem Dach nicht lange halten würde. Und das ist der Grund.

Auf einmal dämmerte mir, dass es höchste Zeit war, das Laub von den Stufen zu fegen. Ich ging in die Küche, holte den Besen und stellte mich auf die oberste Stufe. Also, ich weiß nicht, ob meine Methode zur Laubentfernung die beste war, da sie vorsah, die Blätter von einer Stufe auf die darunter liegende zu fegen und anschließend die doppelte Menge auf die Stufe darunter und so weiter. Wahrscheinlich wäre es effektiver gewesen, das Laub von jeder Stufe auf eine Kehrschaufel zu fegen, aber letztendlich kam es mir nicht auf das Tempo an, außerdem gefiel mir, wie der Blätterhaufen anschwoll und sich aufplusterte und stufenweise ergoss. Als ich fast schon unten angekommen war, trat mein Freund aus dem Haus und stellte sich neben mich. Wie war die Dusche?, fragte ich. Gut, sagte er. War auch Zeit, sagte ich, und dann bat ich ihn, die Schubkarre zu holen, was ihm gar nicht zu passen schien. Ganz kurz hatte ich gehofft, die gemeinsame Anstrengung könnte uns von der Langeweile befreien, aber in dieser Hinsicht sind wir wohl einfach zu verschieden. Als mir klar wurde, dass er keine Begeisterung oder Initiative mehr entwickeln würde, verabschiedete ich mich von der Vorstellung, das Unterfangen könnte eine belebende Wirkung auf uns haben, und begnügte mich damit, ihm Anweisungen zu geben. Ich mag Gartenarbeit nicht, sagte er. Das ist keine Gartenarbeit, sagte ich. Was tun wir dann?, fragte er. Aufräumen, sagte ich. Sobald wir fertig waren, schlug ich den Besen gegen einen Findling und schüttelte ein Gewirr aus Blättern heraus, die sich mit ringenden Stielen in den Borsten verkeilt hatten. Was ist das überhaupt?, sagte ich leise. Was immer es auch war, es lebte nicht mehr, also schlug ich weiter, bis alles herausgefallen und der Findling wieder nackt und sauber war. Mein Freund verstand ganz offensichtlich nicht, was ich da tat. Ich schaufelte das aus dem Besen Herausgeklopfte in die Schubkarre und sagte ihm, er solle es fortschaffen, und dann machte ich mich auf die Suche nach den Gartengeräten. Mein Freund würde ohnehin bald gehen, und ich wollte wissen, wie es sich anfühlte, allein weiterzumachen.

Ich fand eine Hecken- und eine Rosenschere; weil ich vorhatte, den Laden so richtig auf Vordermann zu bringen, freute ich mich sehr, ganz besonders über die Heckenschere. Die Rosenschere kam mir bekannt vor, sie war mir in der Vergangenheit an willkürlichen Orten begegnet, von der Existenz einer Gartenschere hatte ich jedoch nichts gewusst, deswegen empfand ich sie als echten Zugewinn. Kurz darauf stand ich wild wuchernden Brombeerranken und zahllosen welken Zweigen gegenüber. Mir war nie in den Sinn gekommen, etwas gegen sie zu unternehmen, ehrlich gesagt hatte ich das nicht für meine Aufgabe gehalten. Eigentlich verabscheue ich die Einmischung in all ihren Erscheinungsformen. Doch nun fing ich an zu schneiden – zu trimmen, könnte man auch sagen –, Unkraut zu jäten und Beete zu harken, und schon nach kurzer Zeit fühlte ich mich wie eine jener Damen mit breitem Hintern und dicken Gartenhandschuhen, die ich früher als Kind auf der Fahrt zu meinen Großeltern vom Autofenster aus gesehen hatte. Diese Arbeit, dachte ich, ist stupide und stellt dich unvorteilhaft dar – hör sofort auf damit! Aber ich konnte nicht aufhören, ich wollte wissen, was passieren würde, wenn ich immer weitermachte. Ich fühlte mich natürlich sehr unwohl dabei und musste mir immer wieder sagen, dass alles nachwachsen würde; was ich tat, erleichterte den kleinen Pflanzen das Wachstum, und die großen waren ohnehin fast abgestorben. Du musst das nie wieder machen, so lautete mein stärkstes Argument, aber wenn du es heute nicht probierst, wirst du nie erfahren, wie du dich dabei fühlst. Irgendwann legte ich die Geräte beiseite und arbeitete ohne Gartenhandschuhe weiter, mit bloßen Händen, und schon nach kurzer Zeit fing meine Haut zu brennen an, was überhaupt kein Wunder war. Los jetzt, dachte ich und schaute zu, wie meine Finger an den wirren Ranken rupften. Endet Gartenarbeit, wenn man sie einmal begonnen hat, unweigerlich in panischem Ziehen und Zerren? Vielleicht hasste ich die Pflanzen in Wirklichkeit, vielleicht war es vollkommen normal und menschlich, sie ausreißen zu wollen. Aber nein, so war es nicht. Ich hatte nicht vor, mich gegen die Natur in Stellung zu bringen, schließlich war ich nicht verrückt. Ja, anscheinend setzte ich alles daran, das krause Laub loszuwerden, aber nach einer Weile wurde mir der Grund klar: Ich wollte einfach nur zum Erdreich vordringen, das ich sehr vermisste. Es war lückenlos bedeckt, und ich wollte zu gern alles beiseiteschieben und den Mutterboden sehen. Ich hatte genug von Blättern und Blumen, von Rascheln und Blühen und flüssigem Licht, das alles konnte sich nun wirklich davonmachen. Außer dass es natürlich nirgendwohin verschwindet, es bleibt liegen wie geschreddert, welkt, schrumpft, saugt sich voll und versumpft. Scheiß auf die Blätter, scheiß auf die Blumen! Ich will kahle Baumstämme sehen, ich will hören, wie die Erde sich seufzend ausbreitet – warme, weiche Masse in glänzender Dunkelheit. Ich will Hufabdrücke sehen, keine auf den letzten Drücker gekauften Einweggrills. Und vor allem will ich da rein. Ja, so ist es, so war es immer. Meine erste Erinnerung: am Fenster zu stehen, den Rasen zu sehen und alles darunter, es inwendig zu kennen und sich hineinzuwünschen. Man kann ja nicht erahnen, wie leidenschaftlich es da unten zugeht.

Ich glaube, ich habe mein Herz dort verloren.

Da draußen, ewig ist es her und noch weiter weg. Und seitdem war es so. Aber allem Anschein nach – zumindest nach ein paar vertrödelten Nachmittagen – zeigte sich, dass längst nicht alles aus und vorbei war. Nein, nein. Dann stieg eine lila Sonne auf, stark und mächtig, und nach ein oder zwei Jahren kam der Hagel. Doch das war längst nicht alles. Nein, nein. Kein Ende Gelände auf diesem verschonten Mond. Kurven wurden genommen und Zeit hineingesteckt, so viele Gewichte und Grimassen, und entlang der Diagonale alles voller Schwielen. Wie zu keiner Zeit und wie zu widerrufenen Zeiten; wie alles kann auch das nicht mit einer dampfenden Rinderherde oder dem Augen-Blick eines trudelnden Kometen verglichen werden. Vor und zurück, das zerbrochene Ei untersuchen, die Bindfadenfransen und die clowneske Klette. So geht es pausenlos den ganzen Tag, keine Zeit auszupacken, aufzuschrauben, zu schielen und sich zu strecken oder den Pinsel einzuweichen. Nein, nein. Kein Mumpitz auf dieser zappeligen Stütze. Von Baum zu Baum, der Teich wird tiefer, winzige Löcher tun sich auf, und eine beliebige Anzahl von Ähren verdreht sich zu etwas, das mit Ähren nichts gemein hat. In der Folge kam es versuchsweise zu traurigem Parzellieren, Versteinern, nichts wollte wachsen. Nein, nein. Kein Rubbelrubbel an diesem Zollstock. Es kam aus der Richtung von Schlick und Aster und zog sich über Pferdefesseln und Feuersamt, zuerst die Geräusche und dann ihre Erzeuger. Falls man hindurchging und es ganz betrat, wurden Kübel geschwungen und Kerben gelesen. Da war kein Licht. Nein, keins. Kein Psstpsst in diesem Pissekrater. Und weil der Tag gekommen war, wurde weiterhin gelesen. Oh, alles wurde gelesen und nichts davon erwähnt, denn alle Namen waren eingereicht und zurückgegeben worden. In diesem Wissen zerstreuten sich die Hunde, und in jenem Wissen rüttelte der Boden Grabsteine, Meilensteine, Galgen und die mandelförmigen Knospen des jungen Geißblatts durch. Inmitten des lärmenden Tumults wurden Schicksale verrührt und die Sterblichkeit beschmutzt, und alle markigen Gelübde gönnten sich eine Verschnaufpause. So war es nun einmal. Ein skelettartiges Ding ohne heimlichen Zweck oder unheimliche Bedeutung löste sich aus der Vergangenheit und machte sich unwiderruflich auf den Heimweg. Nein, nein. Kein Kloppklopp auf dem einheimischen Kolben. Vom rechten Fuß auf den linken, erst bei den Erlen und dann am Fluss, ein Baumeln und ein Bummeln, die Flamme wächst hier nur langsam. Die ganze Nacht wach und völlig ohne die Vorzüge des Schlafs; der Atem leiert, die Herzgegend hebelt, das Petroleum tränkt alles und schafft es doch nicht, ihm eine Flamme zu entreißen. Nein, keine. Kein Zoschzosch an dieser polierten Fotze. Die Erde, die Erde und ihre Frauen, dort in den schiefen Hütten, abgestempelt und stumpfsinnig pusten sie in die Glut. Nicht weit von hier, aber jenseits aller Wiederkehr.

Aus & vorbei

Die örtlichen Winde hatten sich zu einem so beeindruckenden Sturm zusammengeschlossen, dass von ihnen sogar noch im Nachbarland die Rede war, und so kam es, dass ich eines Morgens von meiner Familie geweckt wurde, genauer gesagt von meinem Vater, der wissen wollte, wie es mir gehe. Ich erklärte ihm, dass ich es ehrlich gesagt sehr gemütlich hätte, was nicht gelogen war, und dann fügte ich noch hinzu, mein Haus stehe in einer Senke und sei daher geschützt und insgesamt recht sicher. Nur selten bekäme ich Angst, ein Baum könnte darauf stürzen. Letzteres sagte ich nur, weil ich die Besorgnis meines Vaters nicht leichtfertig verspielen wollte. Ich fragte natürlich nach dem Wetter dort bei ihm, und er antwortete, es sei einfach nur sehr windig gewesen, mehr nicht. Ich bin seit halb sechs auf, sagte er, was keinen von uns beiden verwunderte, denn seine neuen Kinder sind noch ziemlich klein. Das Mädchen, ergänzte er dann auch prompt, esse gerade einen Lebkuchenmann. An dem Nachmittag –

oder vielleicht auch erst am darauffolgenden – ging ich nach draußen in die Einfahrt und bückte mich nach den vielen Zweigen und Ästen, die während des Sturms heruntergekommen waren, fast wie eine Austernfischerin, die einen Strand absucht. Der mächtige Wind hielt etwa eine Woche an, mit kleinen Pausen.

In dieser Jahreszeit ist schwer zu beurteilen, wie lange etwas dauert. Aus dem Grund habe ich es mir zur Pflicht gemacht, gelegentlich einzuschreiten, wie beispielsweise zwei Tage nach Weihnachten, als es mir reichte und ich unverzüglich die Dekoration verschwinden ließ. Ich hatte keinen Baum aufgestellt, sondern nur den Kaminsims geschmückt, mit Steckpalmenzweigen und so weiter, doch der Kaminsims ist breit und springt ins Auge; ich hatte ihn aufwendig verziert und war zunächst sehr zufrieden mit dem Gesamtergebnis. Nach kurzer Zeit wirkte das Ganze allerdings eher erdrückend, und von den Stechpalmenzweigen selbst, die in den Raum hineinragten und auf eine unheimliche Weise Kontakt zur Luft aufzunehmen schienen, strömte etwas geradezu Boshaftes aus. Nein, das gefiel mir gar nicht mehr, also wartete ich eine Woche ab und entsorgte dann alles blitzschnell. Die Stechpalmenzweige schleuderte ich kurzerhand in den Kamin. Das Feuer war klein, weil sich das alles noch vor dem Frühstück abspielte. Als die stacheligen

Zweige hineinfielen, drehten die ungeduldigen Grünschnabelflammen durch, sie verbrannten alles gründlich und mit Begeisterung – es war eine wahre Freude, ich legte immer wieder Zweige nach, obwohl die hellen Flammen schon nach kurzer Zeit in die Höhe loderten und die Stechpalmenzweige laut ächzten und knisterten. So ist es recht, dachte ich, leiden sollst du, zur Hölle mit dir – und die Flammen schossen noch höher und leuchteten noch heller und machten einen ordentlichen Rabatz. Den Flammentod sterben sollst du und in der Hölle schmoren, und auch dein widerliches Gift, das du im Zimmer verströmt hast. Und tatsächlich, noch während die Stechpalmenzweige brannten, spürte ich, wie die Luft im Raum besser wurde. Das mache ich nicht noch einmal, sagte ich mir, so etwas hole ich mir nie wieder ins Haus. Auf einmal erinnerte ich mich an die schwerwiegenden Bedenken, die mir gekommen waren, als der Mann mir das Geld aus der Hand genommen und mir ein Bündel aus starren Zweigen hingehalten hatte, offenbar in der Erwartung, dass ich sie entgegennehme. Er stand vor mir und hielt den furchtbaren Dreizack in die Höhe, während sein kleiner Sohn mit winziger Hand in einem schmutzigen Beutel nach Wechselgeld wühlte. Die ganze Situation war abstoßend, kurz überlegte ich, es einfach bleiben zu lassen; aber dann führte ich meinen bedauerlich durchsetzungsschwachen Widerwillen auf eine Mischung aus Arroganz und Aberglaube zurück, und sofort tadelte ich mich für so viel affektierte Abgehobenheit – was glaubst du, wer du bist, eine überspannte Komtess? Gewiss nicht, also bedank dich und geh weiter. Ich schlenderte scheinbar munter davon, spürte aber trotz der anachronistischen Gefühlsmischung aus Mitleid und Ekel recht deutlich, dass ich nicht ganz mit dem Kauf einverstanden gewesen war und mich dennoch wieder einmal gebeugt hatte. Vielleicht war genau das ja der Moment, in dem das erste teuflisch rote Augenpaar blinzelte und mich mit uralter Verachtung begutachtete.

Nur, falls sich jemand wundert: Die Zweige aus der Einfahrt taugen prima als Zunder. Ich hielt es für ratsam, ordentlich viel davon zu sammeln und ins Haus zu tragen, bevor der nächste Regen sie durchfeuchten und ihnen jede Lust am Brennen nehmen würde. Außerdem machte es Spaß. Durch die Einfahrt zu kreuzen und Stöcke aufzusammeln, machte mir wirklich Spaß. Ich unternahm mehrere Touren und legte meine Reisigbündel in den Korb vor dem niedrigen Bücherregal. Am späten Nachmittag musste das gewesen sein, das Wetter hatte sich aufgehellt und war abermals angenehm freundlich, kein Wunder bei der herrlich flattrigen Geschäftigkeit, die das Leben hier so fröhlich in Gang hält. Ich meine damit in erster Linie die Vögel, die den Garten natürlich nie verlassen hatten, mir während jener zwei Tage, die aus Gewohnheit und Anstand an Weihnachten abgetreten werden, aber völlig anders erschienen waren als sonst. Obwohl ich nur ein Minimum an Aufwand betrieben hatte, musste ich einsehen, dass ich mich an den vermeintlichen Feierlichkeiten besser gar nicht erst hätte beteiligen sollen, auch nicht zum Schein. Man sollte etwas ganz machen oder gar nicht – mit meiner halbherzigen Deko hatte ich lediglich für eine subtile und dennoch beunruhigende Störung gesorgt. Damit so etwas wie Weihnachten überhaupt funktionieren kann, braucht es nach meinem Dafürhalten recht viele Anknüpfungspunkte an eine erklärtermaßen mittelprächtige Realität, andernfalls wirken alle Bemühungen seltsam aufgesetzt und irgendwie vorwurfsvoll. Man ist aufgewühlt, steht neben sich und kann es gar nicht erwarten, dass der Feiertag endlich wieder seinen zerknitterten Samtmantel umlegt und sich über alle Berge trollt.

Keine Frage, dieses Jahr hatte Knecht Ruprecht das Sagen, und als ich die schönen Zweige sah, die im Korb vor dem niedrigen Bücherregal ordentlich aufgestapelt lagen, bedauerte ich – übrigens nicht zum ersten Mal – von Herzen, absolut keine Ahnung von der Zauberei zu haben. Sag einfach irgendeinen Spruch auf, dachte ich, als die Zweige brannten, dann wiederum wäre das nicht richtig, und überhaupt, welche Sprüche wüsste ich schon auswendig? Außerdem bin ich der Meinung, dass die Zeilen sich wenigstens manchmal reimen sollten, doch im Reimen bin ich hoffnungslos schlecht. Eigentlich ist es auch egal, denn jetzt ist es aus und vorbei. Abgesehen davon besteht für mich kaum noch die Notwendigkeit, auf Zweige, Reime und Zaubersprüche zurückzugreifen, weil meine Technik zum Vorantreiben der Dinge schon recht fortgeschritten ist. Ich bin in mehrfacher Hinsicht ziemlich raffiniert geworden und brauche kaum noch nachzudenken. Jawohl, ich gehe nicht mehr allzu gründlich auf Fragen ein – beispielsweise, wenn die Leute wissen wollen, und sie werden es wissen wollen, wie es so gelaufen sei und ob ich einen schönen Tag gehabt hätte. Es war prima, vielen Dank, werde ich antworten, mein Tag war wirklich schön. Das allein mag ein wenig defensiv klingen, vielleicht sogar ausweichend, und könnte mir folglich falsch ausgelegt werden, deshalb werde ich tun, was von mir verlangt wird, und ein paar spannende Einzelheiten des Abendessens preisgeben – es gab Fasan, werde ich sagen. Am Stück. Eingewickelt in dicke Scheiben durchwachsenen Specks und aufgepeppt mit herrlich säuerlichen, saftigen roten Johannisbeeren. Oh, wie schön, werden sie sagen, war es gut? Oh ja, werde ich antworten, es war nicht schlecht – das Fleisch alles in allem sehr zart, an manchen Stellen vielleicht ein bisschen fad. Ach, wirklich?, werden sie sagen, werden Sie es noch einmal kochen? Klar, werde ich antworten, aber beim nächsten Mal wandele ich das Rezept ein kleines bisschen ab. Beim nächsten Mal breche ich dem Vieh das Rückgrat und brate es in der Pfanne.

Wörter entfallen mir

Etwas kam schnell durch den Schornstein, knallte seitlich weg und gegen den Kohleeimer. Ein kleines Ding, möglicherweise spitz – als es gegen den Eimer schlug, ließ mich das Geräusch an etwas Kleines, Spitzes denken. Ich weiß nicht, wo es hinfiel, oder ob es überhaupt irgendwo hier gelandet ist. Wahrscheinlich ist es einfach verschwunden. Ich glaube, nach der Kollision mit dem Eimer hat es sich aufgelöst, oder es wurde absorbiert; jedenfalls wurde es aller Sichtbarkeit entzogen. Kurz darauf, genauer gesagt lange Zeit später, hörte ich ein Klopfen, anscheinend von innen – wieder klang es, als hinge da etwas in der Luft fest. Es gefiel mir nicht besonders gut, das Klopfen, was aber nicht weiter schlimm war, denn auch das Klopfen verschwand. Zu dem Zeitpunkt konnte ich schon kaum noch etwas klar und deutlich sehen; es gelang mir einfach nicht, zu fokussieren, als hätten meine ungeübten, unfähigen Augen keinerlei Erfahrung mit Umriss und Perspektive. Mein Blick glitt immer wieder ab, fand nirgends

Strukturen, es fiel mir sogar schwer, meinen Standpunkt zu erkennen oder meine Koordinaten zu bestimmen. Also schloss ich die Augen. Um so etwas wie einen Ruhezustand zu erreichen, schloss ich die Augen, was aber nichts änderte; in der Tat fühlte es sich an, als wären meine Augen weit geöffnet. Sie schienen ungelogen geöffnet zu sein, und mein Blick war hellwach und suchend. Eine ganze Weile tastete er die Umgebung ab, manchmal zuckte ich sogar, aber nicht im Schlaf, denn ich schlief nicht. Wie auch? Mein Blut brodelte, oder es war verhext, und mein Herz lehnte sich auf, oder vielleicht wollte es auch nur etwas preisgeben; doch was immer die beiden nun vorhatten, es fühlte sich ziemlich bedrohlich an. Wieder einmal hatte ich den Eindruck, eine Art Trichter zu sein, besser kann ich es nicht beschreiben – obwohl das Bild des Trichters kein bisschen passt, weil es eine falsche Richtung vorgibt. In jedem Fall wollte ich mich nicht weiter damit beschäftigen, weil genau das seine Absicht war. Ich wandte mich so weit ab wie möglich – ich hörte, wie die Scheite in den Flammen weiß wurden und leise knirschten, wie man es von Eiszapfen kennt oder von Schnee in Schauerromanen.

Ich war nirgendwo hingegangen. Davor hatte ich auf dem Bett gesessen und aus dem Fenster geschaut. Auf dem Dach des Schuppens saß ein Amselmännchen; es verdrehte den Kopf seltsam weit und sah aus, als hätte es Schultern. Wahrscheinlich wurde es draußen schon dunkel. Ja, so war es. Ich sank in die Kissen und ließ das Fenster nicht aus den Augen, während es an eine andere Stelle rutschte, natürlich nur im Verhältnis zu den Dingen, die darin erschienen. Es war jetzt ganz und gar vom Baum erfüllt, selbstverständlich nicht dem ganzen Baum, sondern nur von jenem Abschnitt, in dem die Spannung zwischen dem oberirdischen und dem unterirdischen Teil am stärksten ist. Der Stamm war voller Knoten und Öffnungen, man hätte die Anordnung für ein wenig überladen halten können, wären da nicht die Äste gewesen – ist es nicht bemerkenswert und auch ein bisschen widerwärtig, dass der Efeu immer weiß, wo Chaos herrscht, dass er es einwickelt, anzapft und immer grüner wird in seiner überwältigenden Unbeständigkeit?

Starke, schöne schwarze Äste ragten über den Fensterausschnitt hinaus, der Himmel dazwischen erschien fern und zugleich greifbar nah. Das Licht schwand, und ich spekulierte darauf, dass sich der Stern vom Vortag wieder zeigen würde – und ehrlich gesagt passierte genau das, was ich vorhergesehen hatte. Der Himmel war so dunkel, wie Blau nur sein kann. Irgendwann, ich weiß nicht mehr, ob davor oder danach, öffnete ich die obere Hälfte der Tür und lehnte mich auf die untere. Es regnete nicht, ich wusste nicht mehr, wann ich zuletzt Regen gesehen hatte, dabei war alles tropfnass. Ich verspürte den Wunsch, an irgendetwas zu lutschen, so schwierig konnte das doch nicht sein – ehrlich gesagt fiel es mir angesichts der zu einem Wall aufgetürmten, von triefendem Moos überzogenen Steine schwer, meine Gelüste zu unterdrücken. Ich fragte mich, warum ich meinen Platz verlassen und die Tür geschlossen hatte. Oder vielleicht war die Tür gar nicht zu? Eher nicht. Ich stand nicht mehr dort, doch die Tür blieb offen, jetzt – hier am Schreibtisch – fällt es mir wieder ein: Ich saß am Schreibtisch und schaute hinaus. Ich bin mir ziemlich sicher, dass es so war. Vermutlich hatte ich mir überlegt, dass alles da draußen so lebendig aussieht, als könnte es sich jeden Augenblick bewegen, genau, alles wird sich in meine Richtung in Bewegung setzen und zur Tür hereinkommen, oder vielleicht auch durchs Fenster. Vielleicht dachte ich etwas in der Art, als ich dort am Schreibtisch saß und hinausschaute.

Und vielleicht begann wirklich alles, sich in meine Richtung zu bewegen, kann sein, doch nicht aus dem Grund stand ich nach einer Weile auf und schloss die Tür. Oder vielleicht doch aus dem Grund, ich weiß es ehrlich gesagt nicht mehr. Ich glaube, ich hatte vergessen, warum sie überhaupt geöffnet war, und weil ich den Grund nicht mehr wusste, sah ich keinen Sinn mehr darin. Ich wusste einfach nicht mehr, was der Zweck des Offenstehens war. Danach kam noch mehr – ehrlich gesagt ging es stundenlang so weiter. Ich bewegte mich durchs Haus, und am wenigsten gefiel es mir im Bad, möglicherweise wegen der Wattestäbchen und der nach Süden ausgerichteten Wasserhähne, wer weiß. Es wollte kein Ende nehmen, kein für mich absehbares. Ich hätte nach draußen gehen sollen, aber das war inzwischen unmöglich, trotz der Dunkelheit. Du hast Todesangst, dachte ich, wahrscheinlich schon den ganzen Tag. Was ist das hier denn, wenn nicht eine Panikattacke? Wie sonst sollte man das nennen? Todesangst, grenzenlose Todesangst. Die Erklärung ergab Sinn, und als ich das begriff, war ich gleich ein bisschen erleichtert. Dann fiel mir plötzlich ein, dass ich möglicherweise schon länger als einen Tag in Todesangst lebte, und diese Einsicht bescherte mir eher gemischte Gefühle. Ich hatte keine Lust zu hören, dass ich seit Jahren an Todesangst litt, auszuschließen war es jedoch nicht. Ehrlich gesagt wusste ich es längst. Ich wusste es verdammt gut, ich hatte es immer gewusst und verstand nicht, was dieser neue Zustand sollte, warum mein Blut so durch meine Adern schoss und mein Herz wie auf der Suche nach einem Ausweg um sich schlug. Warum sollte mir ausgerechnet heute alles, wie man so schön sagt, über den Kopf wachsen? Ich wurde ziemlich misstrauisch und hielt es für das Beste, mich gar nicht erst auf die folgenden Gedanken einzulassen, immerhin ist Angst etwas ganz Normales, man kann lernen, damit zu leben, möglicherweise vergisst man sie eines Tages fast, oder sie kippt in etwas anderes um. Nur manchmal kehrt sie zurück, so wie heute, vermutlich möchte sie nur auf sich aufmerksam machen, gerade weil man sie fast vergessen hat. Die Erklärung erschien vernünftig, und ich war zufrieden damit; ich würde es dabei belassen. Wieder musste ich an das kleine, spitze Ding denken, das am frühen Morgen wie eine Libelle durch den Schornstein geschossen war. Ich saß am Kamin, und obwohl es fast schon dunkel war, öffnete ich das Heft und schrieb ein paar Sachen auf.

Da waren Linien auf dem Papier, die aber kaum noch zu erkennen waren, so dunkel war es geworden; sobald ich ein Wort aufgeschrieben hatte, verschwand es einem Entführungsopfer gleich an einen unbekannten Ort. Ich schrieb weiter und versenkte ein Wort nach dem anderen im Papier, vielleicht habe ich mich sogar kurz gefragt, was oder wer sie in Empfang nimmt. Und dann wusste ich plötzlich wieder, wo ich war, zum allerersten Mal an diesem Tag – ich war tief unter der Erde. Endlich war ich unter der Erde, mein Blut pulsierte, und mein Herz überschlug sich fast vor

Stolz und Entzücken. Der Stift rollte in den Papierfalz. Früher oder später, dachte ich, wirst du den Mund aufmachen müssen.

Die Dame des Hauses

Wow, wie still es ist. Ist das nicht unheimlich? Oh ja. So ruhig. Alles ganz ruhig. Genau. Sieh dir die Ruderer an – sieh mal, wie schnell sie rudern. Unheilvoll – ja, das ist die Ruhe vor dem Sturm. Könnte man sagen. Sieh dir die Ruderer an! Zwei längliche Boote und Gestalten – Ruderer – wie Sprossen einer Leiter oder so. Wie Kerben oder Sprossen – oder Holme oder Bolzen – oder so. Das leise Geräusch der Maschine, die hinter mir und vor dir die Badem:atte trocknet – eine gute Maschine. Es ist wirklich an der Zeit, dich in Ruhe zu lassen. Hier und da finde ich deine Handschrift – kleine Zettel, flüchtig bekritzelt mit allem, was man nicht vergessen darf. Ehrlich gesagt finde ich sie rührend. So rührend wie das Foto in deinem Reisepass.

Ich habe keine Mütze aufgesetzt, dabei ist es so kalt wie nie. Die Mütze steckt unten in meiner Tasche. Über Nacht ist meine Wimperntusche verlaufen; um mit Mütze gut auszusehen, bräuchte es ein wenig aufgefrischte Augendekoration, das weiß ich genau. Ich habe nichts gesagt, kein Wort über die Kreatur im Wasser. Kein Wort über das Monster. Stattdessen sind die Blumen wirklich hübsch, besonders die Rosen. Oh ja, sagst du. Sie sind so hoch, dass ich nicht sehen kann, wie Mary aus dem Auto steigt. Ich muss nicht mehr sehen, wie sie vorbeigeht und in ihrem Haus verschwindet. Eigentlich ganz gut.

Würde es, frage ich mich, ein schuppiges Ungeheuer mit langem Schwanz sein oder etwas Gespenstisches mit weit gespannten Flügeln? Mit anderen Worten, wäre es ausgegraben oder heruntergefallen? Ich komme zu keiner Antwort, weil der Tag sich als nuancenreicher erweist als erwartet. Und überhaupt, ich weiß zwar nicht wo, doch irgendetwas hat sich verschoben, und plötzlich erscheint das Panorama völlig verändert, wie neu arrangiert und eingerahmt. Als würde es schweben. Die ganze Aussicht schwebt.

Offensichtlich handelt es sich um einen Trick. Ich könnte den ganzen Tag lang spekulieren und käme der Sache trotzdem kein bisschen auf die Schliche.

Es würde unauffällig vonstattengehen – das Monster entsteigt den Tiefen ohne viel Drama. Taucht es beispielsweise am Flussufer hinter einem Spaziergänger auf, dreht der sich möglicherweise nicht einmal um. Vielmehr setzt er einfach seinen Heimweg fort und verpasst alles. Angeblich spielen sich hinter seinem Rücken ständig irgendwelche Sachen ab, ganz unbemerkt, obwohl er natürlich tief in seinem Unbewussten ahnt, was vor sich geht. Nur aus diesem Grund legt er gelegentlich ein Verhalten an den Tag, das irrational, unvorhersehbar und unangemessen erscheint. Letztendlich verarbeitet er damit nur seine Fantasie, derer er sich null bewusst ist. Ich könnte mir vorstellen, dass so etwas ständig passiert.

Es kommt also aus der Tiefe, aus dem Wasser, ohne Welle und ohne Plätschern, so viel ist sicher. Als weißes Schimmern. Als Luft. Wirbelnde Luft, weiße Wolkenfetzen.

Manchmal kann ich mich schrecklich aufregen. Aber sieh mal, jetzt nicht mehr. Heute Morgen bin ich mit allem einverstanden. Ich bleibe sogar bis nach dem Toast, der in ungleichmäßige Stücke zerbrochen ist, weil du versucht hast, ihn mit kalter Butter zu bestreichen.

Siehst du.

Mehr oder weniger sofort, und ohne mich anzusehen, hast du das Messer neben die Spüle gelegt und bist an der Arbeitsplatte entlang bis an den Wasserkocher gehuscht. Ich hätte es genauso gemacht. Ich hätte genau dasselbe getan, auf dieselbe Weise. Übrigens hasse ich Marys Auto. Ich hasse die Autos deiner Nachbarn.

Ausnahmslos. Scheiße noch mal, was denken die sich eigentlich dabei? Was? Du hast Geschirrtücher und Untersetzer und Katzen, die dir nicht gehören. Eine der Katzen folgt dir durch die Einfahrt; wenn das Wetter nachmittags gut genug ist, gehst du in der Einfahrt spazieren. Außerdem hast du eine Heizdecke.

Mir war nie in den Sinn gekommen, dass irgendwer Angst vor mir haben könnte. Und jetzt, da ich einsehen muss, dass mir dieses Gefühl durchaus entgegengebracht wird, nehme ich es kaum ernst. Vorläufig kann ich nicht mehr tun, als die Möglichkeit anzuerkennen – ob ich sie für realistisch halte oder nicht, wird sich später herausstellen. Ich fühle keine Wut. Ich bin nicht wütend. Ich dusche lieber zu Hause, obwohl der Boiler seit gestern früh ausgeschaltet ist und das Wasser zum Duschen für mindestens eine Stunde nicht annähernd warm genug sein wird. Vielleicht werde ich, wenn ich zu Hause bin, auch gar nicht duschen. Das wäre überhaupt kein Problem, denn meine Selbstreinigung funktioniert hervorragend. Um es kurz zu machen: Als ich mir in deinem Badezimmer Schlüpfer und Strumpfhose wieder angezogen habe, war der Schlüpfer auf links gedreht. Das war neu und sehr seltsam, ich habe es sofort gemerkt, dann aber unbeirrt weitergemacht, vielleicht aus Neugier. Möglicherweise erhoffte ich mir von diesem abweichenden Verhalten irgendwelche überlegenen Einsichten. Ich hielt es für das Beste, weiterzumachen und mich nicht gegen den Lauf der Dinge zu wehren. Natürlich habe ich mich gewundert, wohin das alles führen soll, doch evolutionäre Fortschritte haben nun mal die Eigenart, sich jede Gegebenheit zunutze zu machen.

Es war eigentlich nichts. Nur ein leichtes Unbehagen darüber, dass mein nach außen gestülpter Geruch von der Strumpfhose zerrieben werden könnte. Meine Ohrringe auf dem Fensterbrett über dem Spülkasten habe ich gesehen, aber nicht angerührt; wäre doch zu nett, wenn du sie später findest. Wenn du vom Einkaufen zurückkommst, oder in der Nacht, wenn du aufstehst, um zu pinkeln. Was ist mit dem Monster? Wenn du es genau wissen willst: Nichts ist so spektakulär wie ein großer, dicker Hecht, der unter den Ruderern hindurchgleitet und die Augen rollt wie ein Hai. Sicher hat er sich das aus einem Cartoon abgeguckt. Dann haben wir jetzt also einen Hecht, der sich für einen Hai hält. Lassen wir ihn. Heute hasse ich die Farben aller Dinge, besser gesagt ihren Mangel an Haltung. Alles sieht aus wie vollgepinkelt. Als hätten alle Katzen die ganze Nacht lang alles vollgepisst. Alle Rasenflächen und Steinpfade sind nass, und auch die herumliegenden Blätter der vergangenen Jahre. Wenn du die Wahrheit wissen willst: Ich kann Katzen nicht leiden.

Ich verabscheue Beweisfotos von vermeintlich schrulligem Katzenverhalten, und alle Katzenanekdoten. Ich will nicht hören, wie die Katze dir durch die Einfahrt folgt, nachmittags, wenn das Wetter es hergibt – oft gibt das Wetter es nicht her. Auch ich sitze daheim, beobachte das Wetter und wäge ab, und das ist weniger einfach, als es klingt. An manchen Tagen denke ich, keine Chance, heute wird niemand durch die Einfahrt spazieren – aber dann zeigt sich irgendwo ein kleiner Lichtfleck, oder, noch wahrscheinlicher, die Vögel oder die Kühe geben einen Laut von sich – freundlich und aufmunternd, ein kleiner Hinweis darauf, dass die Welt sich trotz des gegenteiligen Eindrucks weiterdrehen wird. Der gegenteilige Eindruck stört mich kein bisschen, ich habe Verständnis – dann wiederum ist das verkürzt dargestellt, denn ehrlich gesagt komme auch ich an einen Punkt, wo ich die fortdauernde Verzagtheit des Wetters hasse. An manchen Tagen lässt der Himmel sich hängen. Trübsal – er bläst Trübsal. Ein einziges Blasen, Hängen und träges Brodeln. Am liebsten würde ich ihn kräftig schütteln. Fick dich. Fick dich selbst. Mannomann. Wie dem auch sei, das mit dem Monster war nur so eine Idee. Wenn ich jetzt darüber nachdenke, war es ein Fehler, eine Sache anzusprechen, die als unfreiwilliges Bild angefangen hat – mehr steckte nicht dahinter. Es war lediglich eine jener

Visionen, die spontan aufziehen, wenn der Verstand sich entweder zusammenballt und hellwach ist oder sich ganz im Gegenteil ausdehnt und fast nichts mehr merkt. Ich weiß nicht, was mit meinem Verstand los war, als das Monster aufkam – wenn ich sage, das eine, weiß ich sofort, dass es das andere war, und wenn ich auf das andere umschwenke, kann es nur das eine gewesen sein. Was für ein Unsinn, ehrlich. Dann wiederum – warum sollte man zu dieser Jahreszeit nicht den einen oder anderen Abend damit verbringen, der Landschaft ein paar tiefschürfende Trugbilder abzutrotzen? Falls einer es genau wissen will: Wenn er an meiner Seite ist, tauschen wir nur selten zusammenhängende Bemerkungen bezüglich der unmittelbaren Umgebung aus. Bezüglich dessen, was direkt vor uns ist. Nein, wahrscheinlich haben wir nie denselben Standpunkt. Wenn er an meiner Seite ist, befinden wir uns in komplett verschiedenen Welten. Es handelte sich also um eine Ausnahme. Folglich hätte ich, als das Monster sich ungebeten zeigte, fast mit dem Finger darauf gedeutet, denn es erschien mir denkbar, wenn nicht gar zwingend, dass es ihm ebenfalls erschienen war, wenn auch in anderer Gestalt.

Später radele ich zum außerhalb der Stadt gelegenen Supermarkt. Als ich in die zweite Straße einbiege, fällt mir auf, dass die zwei Autos, die sich aus entgegengesetzten Richtungen nähern, mit voller Beleuchtung fahren. Hier draußen scheint es dunkler zu sein als noch vor zwei Minuten in meinem Garten, wo ich mir meine Handschuhe übergezogen und mit dem linken Ellenbogen über den nassen Sattel gewischt hatte. Mir bleibt keine Wahl, ich muss umkehren und die Anstecklichter holen. Wie blöd, dass ich sie nicht bei mir habe, ich hatte sie extra aus dem Rucksack genommen, um mehr Platz für die Lebensmittel zu schaffen, die einzukaufen ich überhaupt erst losgefahren bin. Was für ein Mist. Wo ist mein beschissener Sinn fürs Praktische geblieben? Als ich zum zweiten Mal in die zweite Straße einbiege, verbraucht das letzte Licht sich schnell. Auf den kleinen Feldern rechts und links des Weges liegt wie immer jede Menge Abfall in riesigen Müllsäcken herum, bis zum Rand vollgestopft und fest verknotet; sie passen knapp in den Kofferraum des Autos, mit dem sie hergebracht wurden. Es war natürlich kein Versehen, dass sie dort liegen, für die meisten Leute ist es so leicht, sich noch die abscheulichste Tat schönzureden. Ehrlich gesagt kann das praktisch jeder, intuitiv und aus dem Stegreif. Als ich den Supermarkt verlasse, bemerke ich den Vollmond; die Automatiktüren öffnen sich, und er steht direkt vor mir. Der Himmel ist noch nicht ganz schwarz, deswegen strahlt der Mond eine Souveränität aus, die er nicht oft besitzt.

Auf den zweiten Blick sieht es jedoch aus, als kämpfte er mit dem Lampenfieber. Ja, als hätte der Vorhang sich gerade erst für ihn geöffnet! Der kleinmütige Mond hängt so tief, dass ich ganz unbefangen die Hand nach ihm ausstrecke. Pssst, bleib mal locker, konzentrier dich auf einen Fixpunkt und bring erst mal dein Babyface in die Balance – jawohl, ausgerechnet ich will das Mondgesicht aufheitern –, und tatsächlich, schau mal, der Mond schließt die Augen und atmet durch.

Tief Luftholen, und dann raus aus den Feldern! Ich möchte das so gern rüberbringen, ich möchte dir vom Mond und seiner hinfälligen Unabhängigkeit berichten, und wie ich ihn ermuntere, sich zusammenzureißen und Gestalt anzunehmen, aber ich habe schon wieder meine Handschuhe übergestreift und belasse es dabei, so unflexibel das auch wirken mag. Als ich nach Hause komme, ziehe ich die Handschuhe zwar sofort aus, schicke dir aber nicht gleich eine Nachricht – erst räume ich ein paar Jacken weg, die über Stuhllehnen gehängt sehr schludrig aussehen, und dann zünde ich ein Kaminfeuer an, hole eine Mülltüte aus dem Spülenschrank und werfe ein paar leicht verderbliche Reste von der Arbeitsplatte hinein. Ich gehe nach draußen, hebe die große Einkaufstüte vom Gepäckträger und überlege mir, dass ich, bevor ich dir vom Mond schreibe, noch etwas Käse essen muss. Wie sich herausstellt, bist du gerade im Kino; sich in die verschreckte Fülle des Mondes einzufühlen, kommt für dich momentan nicht infrage. Der Mond wird noch in der Nähe sein, wenn der Film zu Ende ist und du das Kino verlässt – aber für seinen zukünftigen Zustand kann ich natürlich nicht bürgen. Denn weißt du, später wird der Himmel auf eine absolute, wenn nicht sogar gütige Weise schwarz sein. Offenbar neige ich heute Abend zum Kitsch. Den Mond hochhalten, samt seiner kitschigen und konspiratorischen Launen! Den Mond die ganze Nacht lang hochhalten! Sieh mal, wie der Mond sich um Kopf und Kragen gähnt, die ganze Nacht lang! Den Film hast du nicht genossen, er war furchtbar; ich habe eine Ahnung, um welchen es sich handeln könnte, du fragst mich, woher ich das weiß. Ich antworte, dass ich letzte Woche mit einem Freund darüber gesprochen habe – was stimmt, aber deine Frage nicht beantwortet – und dass meine Hände auf dem Rückweg vom Supermarkt wirklich eiskalt geworden sind, trotz der Handschuhe. Ich war ehrlich überrascht darüber, dass Hände in Handschuhen so kalt werden können. Als ich kurze Zeit später mit dem Freund telefonierte, der ganz in der Nähe wohnt, erzählte ich ihm, wie kalt meine Hände geworden seien, trotz der Handschuhe, und ich erkundigte mich nach den Thermo-Handschuhen, die ich mir von einer gemeinsamen Freundin geborgt und später an ihn weiterverliehen hatte. An dem Abend, als ich sie ihm gab, machten wir Witze über die Handschuhe; Handschuhe von der Sorte, wie man sie in Sibirien tragen würde, es war ja so typisch für unsere Freundin, sich solche Handschuhe anzuschaffen. Jetzt, da der Wind anscheinend mehr oder weniger direkt aus Sibirien kommt, finde ich die Handschuhwitze gar nicht mehr so lustig.

Auch ich hatte einen wirklich furchtbaren Film gesehen, doch er war mir irgendwie sympathisch, sodass ich mir erst nach einer Weile eingestehen konnte, wie furchtbar er war. Zu dem Zeitpunkt war das Furchtbare vom Sympathischen aber nicht mehr zu trennen, deswegen hielt ich durch, bis zum Ende, an das ich mich natürlich nicht mehr erinnern kann. Gelegentlich meine ich, in den Dingen auf dem Wasser einen verzerrten Godzilla zu erkennen – furchtbar, dass mein Verstand einfach nicht davon lassen kann und immer noch versucht, mich von seiner Existenz zu überzeugen. Anscheinend habe ich ein Bild, an dem sich krampfhaft festhalten lässt, bitter nötig gehabt. Ich muss mich verzweifelt danach gesehnt haben, in meiner Umwelt eine Entsprechung dafür zu finden. Etwas Greifbares! Keine Metapher, nichts dergleichen – ich möchte nicht, dass das Monster für irgendetwas anderes steht, so viel ist klar. Allerhöchstens habe ich mich zu einer Bemerkung über das Nachbarhaus hinreißen lassen, das aber wirklich ein bisschen unheimlich ist. Wenn du es genau wissen willst: Allein der Anblick war mir unangenehm, ich fühlte mich dabei verklemmt, pervers. Den Blick davon abzuwenden war ebenso verdächtig, zählte es doch ebenso als Hinschauen. Sobald ich wieder zu Hause war, schaltete ich wie geplant den Boiler ein, verzichtete dann aber aufs Duschen. Meine Unterwäsche behielt ich an, anders als das Tangokleid, das ich in den Wäschekorb warf. Ich trage, wenn du es genau wissen willst, immer noch die Strumpfhose und den auf links gedrehten Schlüpfer. Mein Geruch wie ein junger Mund an einem Sicherheitszaun. Es ist sowieso besser, sich nicht einzumischen, das habe ich ein für alle Mal beschlossen. Es soll nicht mehr meine Aufgabe sein, aus dem einen etwas anderes zu machen, so etwas ist aus einem ganz bestimmten Grund fatal: Mit jeder schlüssigen Erklärung, die nötig ist, damit aus einer Sache eine andere wird, verkleinert sich die Welt. Insgeheim und tief in meinem Herzen akzeptiere ich, dass ich keine Wahl habe und mein Vorhaben, das von vornherein zum Scheitern verurteilt war, aufgeben muss. Mein einziger Plan ist jetzt, gepflegt das Handtuch zu werfen und direkt nach Ablauf meines Mietvertrages nach Brasilienmaisurbalimontanatrondheimnyonsbristol umzuziehen. Dass mein Mietvertrag verlängert wird, steht übrigens nicht zu befürchten; meine Vermieterin wird alle drei Häuser verkaufen.

Sie ist mehr oder weniger dazu gezwungen. Als sie vorbeikam, um es mir zu erzählen, hatte sie ihre Schwester dabei, die an dem Tag einen sehr eigenartigen Hut mit breiter Pelzkrempe trug. Der Sinn der Krempe blieb mir verborgen. Ich fand den Hut abscheulich, noch mehr als den Hut verabscheute ich nur ihren hellrosa Perlmuttlippenstift. Was sollte das Ganze? Was? Sie schaute ständig nach unten, auf die Schrottsammlung, die neben der Eingangstür lagert, und dann wieder in mein Gesicht, als wollte sie mich zu einer Erklärung drängen, aber ich ignorierte sie und fragte stattdessen meine Vermieterin, wie es ihr damit gehe, die Häuser verkaufen zu müssen. Ich spürte und bedauerte, dass sie sich durch die Schwester gehemmt fühlte, und durch deren eigentümliche, aufdringliche Pelzhutkrempe, die übrigens unnötig viel Raum einnahm und es den beiden praktisch unmöglich machte, nebeneinander im Türrahmen zu stehen. Meine Vermieterin sagte, dass es bis zum Verkauf noch Ewigkeiten dauern würde, und in jedem Fall hätte ich eine Kündigungsfrist von zwei Monaten, weil ich schon so lange hier wohnte. Ich meinte, das sei völlig in Ordnung, ehrlich gesagt hätte ich schon an einen Ortswechsel gedacht. Wirklich?, fragte sie, wo wollen Sie denn hin? Ach, nach Brasilien, sagte ich. Brasilien, sagte sie. Aus irgendeinem Grund fand ich die Hände meiner Vermieterin plötzlich sehr auffällig; um ganz besonders ihre Finger nicht mehr anstarren zu müssen, schaute ich auf meine eigenen Hände nieder, was mich fast genauso nervös machte. Ich wiederholte, der Umzug sei völlig in Ordnung, und verschwand in die Küche. Kurze Zeit später, ich stand gerade an der Spüle und wusch die Teekanne aus, betraten zwei Männer das Grundstück, Makler offenbar, das erkannte ich an den Heftern, die sie ausschließlich zum Herumwedeln brauchten.

Ist schon teuflisch zu wissen, was man noch ernst nehmen kann.

Ich weiß nicht, was mich dazu bewog, so über den Martin's Hill zu reden – ich weiß nicht genau, worauf ich mit meiner kleinen Träumerei heute Morgen auf der Sessellehne eigentlich hinauswollte. Neige ich dazu, ungefragt in Erinnerungen zu schwelgen? Seit wann? Denn ehrlich gesagt glaube ich nicht, irgendwelche Details meiner Vergangenheit besonders interessant oder rührend gefunden, geschweige denn verlässlich erinnert zu haben. Aufgrund meiner radikalen Unreife und meines beharrlichen Mangels an Ehrgeiz bedeuten mir reale Ereignisse eher wenig. Ihr Einfluss auf mich ist entweder null oder niederschmetternd, aus dem Grund traue ich mir selbst kaum zu, Erinnerungen zu produzieren, die mit den tatsächlichen Begebenheiten übereinstimmen, nicht einmal in Bezug auf Ereignisse von nationaler Tragweite. In meinen Schwelgereien hingegen glänze ich mit beeindruckender Gedächtnisleistung. Ich schwelge nicht in der Vergangenheit, nicht in der äußerlichen zumindest, sondern viel öfter in jenen Tagträumen, denen ich als Kind nachhing – unter Bäumen, hinter Vorhängen, so in der Art. Ist das verständlich? Dennoch – und trotz meiner insgesamt eher unglaubwürdigen Erzählweise – schien ich fest entschlossen, etwas in den Martin's Hill hineinzuinterpretieren.

Möglicherweise glaubte ich, eine sozusagen poetisierte Schilderung der zentralen Katastrophe würde mich scharfsinniger und erwachsener erscheinen lassen, im vollen Bewusstsein der Tatsache, wie das eigene Leben sich entlang unheimlicher, subtiler Verschiebungen in den unteren Schicksalsschichten entwickelt. Erfahrungsgemäß kann ich mich nur schlecht für das Inventar vergangener Szenen begeistern, doch in diesem Fall schoss ich weit über das nur vage anvisierte Ziel hinaus und ging sogar so weit zu behaupten, wir hätten an dem Tag Hühnchen gegessen. Nun kann ich überhaupt nicht wissen, ob wir Hühnchen gegessen hatten. Es ist jedoch sehr wahrscheinlich, da es Mitte der neunziger Jahre passiert war und jeder weiß, dass kaltes Brathuhn Mitte der neunziger Jahre die Grundzutat für jedes englische Picknick war, zusammen mit irgendeinem Nudelsalat, Baguette, Mandarinen und einer Sechserpackung Mini-Schokobrötchen. Martin's Hill, ausgerechnet! O ja, ich ging so richtig ins Detail und spielte sogar auf die Szene vor dem Sündenfall an, heute Morgen nach dem zerbrochenen Toast, als ich meine spitzen Sitzbeinhöcker in die Sessellehne bohrte, seinen Kopf mehr oder weniger unter mein Kinn klemmte und wir beide aus dem Fenster schauten. Der See, der Fluss, die ruinierte Burg, das Gebüsch, die hohen Bäume, die elenden Wolken, das vollgepisste Schilf, die Ruderer in ihren Booten, das Monster, das Nachbarhaus, die Kinder, die Mutter, die Garage, die Gartengeräte, die trocknenden Erdklumpen, der Flur, die Treppe, die Türen, die Schlüssellöcher, das Bett, das Darunter, die Angst, der kalte Boden, die Fesselriemchen, der ewige Staub. Die andere Seite des Martin's Hill war sehr steil, erzählte ich – ich glaube, ich habe das Wort abschüssig benutzt –, der Ball meines Bruders war nämlich hinuntergerollt, jedenfalls hatte ihn irgendetwas auf die andere Seite des Hügels gelockt, von der man sich normalerweise immer fernhalten würde, weil sie so steil und voller Unkraut ist, abschüssig, uneben, überwuchert. Orange. Blau. Orange.

Blau. Orange. Die ersten Schritte gelangen ihm noch, aber dann konnte er nicht mehr mithalten, er hat das Gleichgewicht verloren und ist gestürzt. Den ganzen Martin's Hill hinunter, bis nach unten. Er allein, und nur ich habe es gesehen, und da hatte ich wohl endlich den Beweis dafür, dass ich älter war als er.

Ehrlich gesagt hasste ich das Gefühl, es wurde jedoch durch eine vage Vorfreude auf den Abend gelindert; hatten sich die beiden Gefühle – erster Verlust und große Hoffnung – womöglich zusammengetan, um meine Ursprungserfahrung der Melancholie zu prägen? Und hatte ich nicht sofort erkannt, dass die Melancholie etwas in mir hervorbrachte, das sich authentischer und zwangloser anfühlte als alle Gefühlscocktails, die ich je zuvor angerührt hatte?

Inzwischen dürfte für jedermann ersichtlich sein, dass meine Gedanken ständig um ein imaginäres Anderswo kreisen und fast nie ums Hier und Jetzt. Aber niemand kann wissen, welcher Trip gerade im Kopf eines anderen abläuft, deshalb wirkt meine Art, auf die Dinge zu reagieren, manchmal so konfus, sprunghaft, wenig nachvollziehbar oder gar kränkend. Einer Träumerin wie mir zu misstrauen ist das Einfachste von der Welt, nicht selten wurde ich sogar der Unverfrorenheit bezichtigt. Letztes Jahr um diese Zeit zum Beispiel hat mich jemand, den ich beruflich kenne, zum Mittagessen in den Wintergarten eines Hotels einbestellt zu dem einzigen Zweck, mir eine wenig schmeichelhafte, fragwürdige Liste meiner Charaktereigenschaften und Lebensperspektiven vorzuhalten. Eine lächerliche Liste voll kindischer Anekdoten, die er übrigens ganz offensichtlich mit der Hilfe Dritter zusammengeklaubt hatte, und das alles angeblich nur zu meinem Besten! Nun, ich will nur eines sagen, ich fand das Prozedere ekelhaft und konnte nicht angemessen reagieren – ich war ganz knapp überfordert. Wir hatten Brötchen bestellt, die Brötchen lagen auf dem Tisch, daneben diese geschmacklosen kleinen Packungen mit Marmelade ohne Fruchtanteil, die ich nicht mag. Ich versuchte, höflich zu sein. Sei höflich, sagte ich mir, doch die Anweisung war verwirrend, weil ich mich nicht entscheiden konnte, zu wem von uns beiden ich höflich sein sollte.

Ehrlich gesagt war das Treffen sehr verstörend, und erst, nachdem ich ein paarmal mit einer Freundin darüber gesprochen hatte, in ihrem Auto in meiner Einfahrt, fühlte ich mich wieder gefestigt genug, keinen Hahn mehr danach krähen zu lassen. Das ist jetzt alles vorbei. Schnee von gestern und so weiter. Da wir morgen zu einem zweitägigen Ausflug aufbrechen werden, bin ich nach dem Mittagessen mit dem Handy in den Garten gegangen, um ihn anzurufen und die Details zu klären. Wer es genau wissen will:

Er hat Suppe gegessen. Tomatencremesuppe mit einem Schuss Milch. Gleich zu Beginn des Telefonats hat er gefragt, ob es mich stören würde, wenn er während des Gesprächs isst. Ich sagte ihm, das wisse ich noch nicht, möglicherweise schon, es hinge wohl von der Lautstärke ab. Ich hatte natürlich nur Spaß gemacht, jedenfalls war das meine Absicht gewesen, aber da war ein Hauch von Ernst in meiner Stimme, der mich aufrichtig überraschte – ich wirkte dem unattraktiven Aufblitzen meines reflexartigen Widerstandes sofort entgegen, indem ich leise lachte, was natürlich sehr entspannend wirkte, und dann ermunterte ich ihn, loszulegen und seine Suppe zu essen.

Weil nun feststand, dass er Suppe aß, unterhielten wir uns eine Weile über Suppe. Er isst fast täglich Suppe, wohingegen ich nur selten Lust darauf habe. Ehrlich gesagt war es fast so, als müsste er auf diesen Umstand irgendwie näher eingehen, als wollte er ihn zumindest besser verstehen. Als er mutmaßte, dass ich keine Suppe mag, stimmte ich nur zögerlich zu – in Wahrheit mag ich Suppe sogar sehr, es ist das Löffeln, das mich stört. Das pausenlose Heben und Senken des Löffels ist so langweilig und mechanisch – ja, es ist der elende Prozess des Suppe-Essens, der mich abschreckt, nicht ihre Konsistenz. Während wir den Unterschied ausdiskutierten, rollte ich in meinem Schlafsack unter der Wäscheleine durch. In den vergangenen zwei Tagen war das Wetter so gut gewesen, dass ich die Gelegenheit genutzt und alle Decken, Kissenbezüge und kleineren Läufer gewaschen habe. Ich erzählte ihm von meiner abendlichen Fahrt mit dem Rad, und wie schön es auf der mondbeschienenen Straße gewesen sei. Ich sagte ihm, ich hätte mich über einen Hund erschreckt und geärgert, der kläffend meine Fußknöchel angefallen habe und nicht einmal von mir ablassen wollte, als meine Beine versagten und die Pedalen plötzlich ins Leere wirbelten. Er riet mir, zukünftig einen Stock mitzunehmen, um solchen Hunden eins überzubraten. Ich wies ihn darauf hin, dass es möglicherweise schwierig werden könnte, mit einem Stock in der Hand Rad zu fahren, doch er meinte nur, ich würde das schon irgendwie schaffen. Es muss sein, sagte er. Deine Hemden sind schon getrocknet, sagte ich, ich werde sie später noch bügeln – soll ich sie dir morgen mitbringen? Ja, sagte er, bring beide mit. Du wirst ein drittes brauchen, sagte ich. Ja, sagte er, das Hemd, das ich trage. Welches denn?, fragte ich. Das weiß ich noch nicht, sagte er. Ach so, sagte ich, du meinst das Hemd, das du morgen trägst – nicht jetzt. Nimm doch das blaue aus Leinen, sagte ich. Das mit den Punkten?, fragte er. Ja, sagte ich, obwohl es keine Punkte sind, sondern sehr kleine Blumen. Okay, sagte er, ich werde es tragen, zusammen mit dem dunkelblauen Pullover. Der steht dir gut, sagte ich. Dann, ganz am Ende des Telefonats, verriet er mir, dass er mit der einen Hand das Handy und mit der anderen die Suppenschüssel gehalten und daraus getrunken hatte, während der ganzen Zeit.

Weißt du, sagt er, wenn du die Suppe trinken würdest, so wie ich jetzt, bräuchtest du dir keine Gedanken mehr um den Löffel zu machen und könntest sie genießen.

Ich bin mir ziemlich sicher, dass ich längst versucht habe, die Suppe direkt aus der Schüssel zu trinken, und wie sich herausgestellt hat, fühle ich mich dabei nicht ganz wohl. Ich komme mir dann vor wie jemand, der so tut, als stammte er von anderswo – ich weiß auch nicht, woher, von einem anderen Kontinent wahrscheinlich, oder aus einer anderen Epoche – es ist auch egal –, auf das Gefühl kommt es an, und das Gefühl ist eines der Entwurzelung. Wirklich seltsam. Übrigens trinke ich meinen Kaffee regelmäßig aus einer kleinen Suppenschale, das geht wunderbar. Ich besitze vier kleine Schalen, und aus allen lässt sich Kaffee trinken, besonders aus der Terrakottaschale, und aus der grünen natürlich auch. Ich bemühe mich, Tee auch dann zu genießen, wenn er nicht in einem weißen, an der richtigen Stelle angestoßenen Behältnis serviert wird – das gilt bis heute, obwohl ich ihn inzwischen schwarz trinke. In der Schule hatte ich eine Freundin, deren Mutter eine furchtbar schlechte Hausfrau war, besonders ihre Küche fand ich unerträglich – geradezu tödlich. Sie hatte einen ziemlich morbiden Geschmack, beispielsweise hat sie Teddybären und Eulen im Gefrierschrank aufbewahrt. Kann man sich das vorstellen? Wirklich faszinierend. Hin und wieder hat sie versucht, das Haus wohnlicher zu gestalten, aber ihre Bemühungen waren so kraftlos, dass alle Gegenstände, die der Bemühung Ausdruck verleihen sollten, ungeeignet und seltsam deplatziert wirkten. Einmal waren es bestickte Handtücher, ein andermal gemusterte Becher. Gemusterte Becher waren mir da längst schon untergekommen; obwohl sie nicht meine erste Wahl wären, finde ich sie vollkommen in Ordnung. Nicht aber diese – diese waren wirklich schauderhaft, weil das Muster nicht auf die Außenseite des Bechers beschränkt blieb. So unglaublich es auch klingen mag, auch in der Innenseite eines jeden Bechers war ein Motiv zu sehen. Sie fand das toll, ich weiß noch sehr gut, dass sie mich ausdrücklich darauf hinwies. Glaubst du, deine Mutter hätte die auch gern?, fragte sie, was ich natürlich bejahte, obwohl meine Mutter solche Becher absolut nicht gewollt hätte. Genau so war es, als er mir empfahl, die Suppe aus der Schüssel zu trinken, und ich darauf nur sagen konnte, dass ich es irgendwann einmal probieren würde.

Irgendwann! Ich hätte nie irgendwann sagen dürfen, denn mit jedem neuen Tag, an dem ich keine Suppe aus der Schüssel trinke, komme ich mir schlechter vor, gerade so, als fügte ich ihm damit eine Kränkung zu, was natürlich auf Dauer ein furchtbares Gefühl ist. Weißt du, er war stolz auf seinen Vorschlag, das habe ich ihm angemerkt. Ich habe gemerkt, wie er sich das während des Telefonats überlegt hat. Er wollte mein Problem lösen. Manche Menschen können nicht anders – sie finden ständig neue Wege, mit der Welt zurechtzukommen, die Widerstände zu überwinden und sich das entscheidende bisschen mehr zu engagieren. Bewundernswert eigentlich, wie hartnäckig sie sich weigern, irgendetwas zwischen sich und den Rest kommen zu lassen – oh, den ganzen Rest! Irgendwie auch noch da, und ständig in der Schwebe. Dann und wann kommt mir eine Idee – wahrscheinlich bin ich immer noch auf der Suche nach einer Strategie, mir selbst ein wenig mehr Verträglichkeit einzuimpfen. Ehrlich gesagt fürchte ich, mich niemals mehr dazu überwinden zu können – möglicherweise habe ich ein bisschen zu lange damit gewartet.

Wie es scheint, hängt alles von der Aussicht ab. Ohne hat praktisch nichts etwas zu bedeuten, denn ohne Aussicht hat man, wie auch, keinen Standpunkt. Zum ersten Mal überhaupt klappe ich das Bügelbrett auf und stelle es ans Fenster, dabei ist es draußen fast schon dunkel. Ich ziehe seine beiden Hemden aus dem Wäschekorb und beschließe, das dunkle zuerst zu bügeln. Wie ich zu der Entscheidung gekommen bin, weiß ich nicht, abgesehen davon würde ich am Ende ohnehin beide Hemden bügeln müssen. Seltsamerweise hatte es den Anschein, als müsste das eine vor dem anderen gebügelt werden, und als ich beide Hemden auf dem Brett ausgebreitet hatte, stand ich eine Weile davor und versuchte zu erraten, welches. Und ich glaube, dass ich die richtige Wahl getroffen habe, denn kurz nachdem ich begonnen hatte, das dunklere Hemd zu bügeln, fühlte ich mich glücklich, ehrlich gesagt wünschte ich mir, es gäbe noch mehr Hemden zu bügeln. Ich stand am Fenster, bügelte seine beiden Hemden für morgen – das dunkle zuerst – und wusste genau, dass ich von draußen zu sehen war. Ich weiß nicht, was da draußen ist. Ich habe es nie herausgefunden; so viel Zeit habe ich im Esszimmer hinter den grünen Vorhängen zugebracht und bin ihm doch nie nähergekommen. Was sollte mich davon abhalten, hier am Fenster zu stehen? Warum sollte man mich nicht sehen? Ich habe keine Angst. Keine Angst vor dem Monster. Soll es doch auf der mondbeschienenen Straße stehen und mich beobachten. Es beobachtet mich immer schon, mein Leben lang, es kommt und geht – und ich weiß nicht, was es sieht, wenn es da draußen steht, ich kann nicht einmal ausschließen, dass es inzwischen ein bisschen Angst vor mir hat – ich glaube, ich muss doppelt vorsichtig sein, sonst verscheuche ich es noch. Denn unter uns gesagt kann ich überhaupt nicht sicher wissen, wo ich ohne das Monster wäre.

Bekanntes Terrain

Sie schob die Erde über dem grünen Papier zusammen und klopfte sie mit Fäusten fest, eher ein Kneten als ein Boxen, und nach einer Weile war sie ganz vertieft. Vertieft in die Bewegungen, bezaubert vom Abdruck der eigenen Fingerknöchel in der Erde, vom Gefühl des Niederpressens. Die Liebe kann überraschen. Sie konnte nicht sagen, woher der Satz gekommen war, doch er stammte nicht von ihr. Er gefiel ihr, sie stützte sich auf und drückte die Fäuste tiefer in den Boden. Die Liebe kann überraschen, sagte sie und fühlte eine ungeahnte Unbeschwertheit. Dann wandelte sie das Mantra leicht ab, beugte sich mit Haut, Augen und Lippen über ihre gekrümmten, verdreckten Finger und flüsterte: Die Liebe muss überraschen.

Sie hielt ihre Stiefel an den Schnürsenkeln und schlug sie gegen die Hauswand, bis sich makellose Erdkeile lösten. Ihre Mutter öffnete mit behandschuhten Fingern ein Fenster im Obergeschoss und rief, doch sie ignorierte ihre Mutter, sie hasste ihre Stiefel und schwirrte lautlos ums Haus. Die Stimme der Mutter hallte nach wie unentschlossene Scherben, die einander im Luftzug berühren.

Auf der Wiese lag ein roter Apfel. Ihr Bruder stand ein Stück abseits und klimperte mit den Weinbergschnecken in seiner linken Hand. Er ließ eine nach der anderen fallen, beförderte sie mit dem rechten Unterarm wieder in die Höhe und versuchte, den Apfel zu treffen. Er bewarf seine Schwester mit einer Schnecke. Sie legte den Kopf in den Nacken, stieß ein spöttisches Oooh! aus, als das Gehäuse sich durch die Luft schraubte und das Ziel verfehlte, und richtete den Blick wieder auf den Apfel. Der blöde Apfel. Lass ihn, sagte ihr Bruder. Sie blieb stehen und betrachtete stirnrunzelnd den Apfel. Den blöden Apfel.

Nur in Gedanken stürzte sie sich auf den Apfel, schnappte ihn mit gekrümmten Fingern und schleuderte ihn gegen die Hauswand. Sie stellte sich das Klappern der Kerne vor, und das schreckliche dumpfe Geräusch, wenn ein Apfel gegen eine Hauswand fliegt und zerbricht. Sie träumte das alles nur und ermahnte sich im selben Moment, vorsichtiger zu träumen, subtiler, nun, da sie das unbeschriftete Kärtchen besaß.

Nach einer Weile bemerkte sie die Veränderung – der Apfel ließ sie nicht aus seinem fließend grünen Blick, während Gedanken und Wahrnehmungen aus ihr herauströpfelten und langsam im Garten versickerten. Die Fensterscheibe im weißen Rahmen zuckte. Und dann war es an der Zeit, ins Haus zu gehen und die Hände zu waschen, für beide.

Der Morgen steht auf seiner hohen Schaukel und wartet, schiebt mit einer leeren Karte in den Krallen das Erdreich hin und her.

Die englische Originalausgabe erschien unter dem Titel »Pond«
bei The Stinging Fly Press, Dublin

Sollte diese Publikation Links auf Webseiten Dritter enthalten,
so übernehmen wir für deren Inhalte keine Haftung,
da wir uns diese nicht zu eigen machen, sondern lediglich auf
deren Stand zum Zeitpunkt der Erstveröffentlichung verweisen.

Penguin Random House Verlagsgruppe FSC® N001967

1. Auflage
Genehmigte Taschenbuchausgabe Juli 2022
btb Verlag in der Penguin Random House Verlagsgruppe GmbH,
Neumarkter Str. 28, 81673 München
Copyright © 2015 Claire-Louise Bennett
Copyright © der deutschen Ausgabe Luchterhand Literaturverlag,
München
Umschlaggestaltung: semper smile, München
unter Verwendung eines Motivs von © Mark Walsh
Druck und Einband: GGP Media GmbH, Pößneck
Klü · Herstellung: sc
Printed in Germany
ISBN 978-3-442-77225-4

www.btb-verlag.de
www.facebook.com/btbverlag

KARL OVE KNAUSGÅRD

Das große autobiographische Projekt in sechs Bänden.

Bereits im btb Taschenbuch erschienen:

Band 1 **Sterben** · 74519
»Ein Roman über das männliche Ego unserer Zeit.«
Stern

Band 2 **Lieben** · 74685
»Die intensivste Leseerfahrung seit Jahren ... Da steht nämlich alles drin. Unser ganzer Patchworkwahnsinn. Und zugleich die reine Sehnsucht nach dem richtigen Leben. Erst harmlos reingeblättert, dann fünf Tage komplett im Buch verschwunden.«
Alex Rühle, Süddeutsche Zeitung

Band 3 **Spielen** · 74932
»Es erfordert Mut, ein gewisses Maß an Größenwahn und so etwas wie eine mystische Hingabe ans Schreiben, sich an ein so immenses und jeder Konvention spottendes literarisches Unternehmen zu wagen, wie er es getan hat ... Aus Stein gehauen, präzise und kraftvoll. Wirklicher als die Wirklichkeit.«
La Repubblica

Band 4 **Leben** · 71306
»In den autobiographischen Büchern des norwegischen Schriftstellers passiert nichts Spektakuläres – und doch verfallen ihm die Leser weltweit wie sonst nur Harry Potter.«
Ijoma Mangold, ZEIT

Band 5 **Träumen** · 71526
»Das autobiographische Bekenntniswerk dieses Norwegers hat inzwischen einen Triumphzug um die ganze Welt angetreten.«
Volker Weidermann, Der Spiegel

Band 6 **Kämpfen** · 71748
»Mehr als in den anderen Büchern fallen in ›Kämpfen‹ der Schreibprozess und die erzählte Zeit zusammen, erzählt dieser sechste Band von seiner eigenen Entstehung.«
Gerrit Bartels, Der Tagesspiegel

btb